Michelle Cyr

Maintenant que je sais....

Michelle Cyr

Maintenant que je sais....

et ... si c'était vrai...?

Éditions Vie

Cover image: Fourni par l'auteur

Publisher:
Éditions Vie
is a trademark of
International Book Market Service Ltd., member of OmniScriptum Publishing Group
17 Meldrum Street, Beau Bassin 71504, Mauritius
Printed at: see last page
ISBN: 978-613-9-58978-4

Photo de couverture :

Dégel de printemps (2020)

Aglaée Côté, 13 ans

petite-fille de l'autrice

Maintenant que je sais...

Et si ...c'était vrai ... ?

Par souci de protéger l'anonymat des personnes mentionnées, certains noms ont été modifiés…

Il y eut un soir.... Il y eut un matin........

Il y eut des soirs, suivis de nuits ... de profondes ténèbres...

Et puis ... il y eut des aurores !

Et...

des matins ensoleillés, matins de printemps, porteurs de vie...!

«...C'est juste avant l'aurore que la nuit est la plus noire...»

Préface

La trajectoire de la mémoire n'est pas à sens unique...Pourtant, il est exigé des victimes d'agression sexuelle qu'elles se souviennent. Leur vécu est validé au travers de la mémoire.

Lorsque celle-ci fait défaut, la crédibilité est mise en doute. Parfois, la mémoire ne se souvient pas de l'heure qu'il était, des vêtements que l'on portait. Pourtant, le ventre lui se souvient, de la peur indescriptible qu'amène un endroit clos, une porte qui grince, la noirceur d'une chambre à coucher.

Comme elle l'est au récit de Michelle, la mémoire est centrale à l'expérience des violences sexuelles. La mémoire oublie, la mémoire blesse, la mémoire choisit, la mémoire pardonne. La mémoire unit...

Le texte de Michelle se distingue des autres en se distanciant de la nécessité de raconter. Que devient le vécu lorsque la mémoire fait défaut? Il nous permet de réaliser que la légitimité d'un vécu par son souvenir, nous fait fausse route. Que nous mettons en doute l'expérience de la mémoire du corps. Pourtant, le souvenir n'est pas nécessaire au cheminement, surtout lorsqu'il se tait pour permettre de survivre à l'innommable. « Le corps lui, se souvient », nous rappelle l'autrice, puisqu'il est à la fois le lieu du crime et le foyer de la guérison.

En ce sens, ce récit ne raconte pas un vécu, mais plutôt comment se réapproprier celui-ci. Comment légitimer sa propre vérité, lorsqu'on ne se souvient pas. Lorsque nous sommes habituées à se raconter par rapport à l'autre. Michelle choisit plutôt de se raconter à elle-même.

L'importance du récit de Michelle réside dans l'acceptation que le rétablissement peut prendre un chemin secondaire, et ce chemin est le sien. Il éclaire ce chemin que peuvent prendre les survivantes qui liront cette œuvre. Comme le dit l'autrice, « il n'est pas nécessaire de se souvenir de tout ce qui est arrivé pour traiter les traumatismes».

Les vagues de dénonciation des dernières années auront eu ceci en commun : la réappropriation par les survivantes de leur vécu. La collectivisation de la mémoire. La pluralité des récits apporte de l'espoir à la mémoire collective, «comme de multiples passages de morts et de résurrections, comme autant de vies antérieures et de réincarnations ».

Nous connaissons toutes cette histoire que Michelle ne raconte pas, puisque nous portons cette mémoire comme une empreinte. En marchant dans une rue sombre, en présence d'étrangers dans un endroit clos, dans le regard insistant d'un homme. Cette histoire est la nôtre et Michelle en est la narratrice.

Mélodie Rheault,

Intervenante auprès des survivantes d'agressions à caractère sexuel.

CALACS

Introduction

Il y a au moins 7 à 8 milliards …

Il y a au moins 7 à 8 milliards d'être humains sur la terre, tous de même importance. Chacune de ces vies comporte ses aléas, ses drames, ses joies. Certaines sont épouvantablement atroces et on peine à imaginer comment un être humain arrive à survivre dans de telles situations. D'autres au contraire semblent portées par une étoile et déambulent, malgré quelques adversités, comme si la vie était une partie de plaisir et de défis à relever.

Entre ces deux extrêmes il y a tout un lot de combinaisons et d'intensités. Imaginons 7 à 8 milliards d'humains auxquels s'ajoutent tous ceux et celles qui ont vécu auparavant et tous ceux et celles qui viendront après nous… dont la-vie est sacrée !

Alors, pour qui elle se prend, elle ?

Pourquoi parler de moi par écrit ?

J'ai mis des années pour accueillir et accepter ce désir profond.

Écrire pour me retrouver, moi, d'abord ! Pour faire le point sur qui je suis et aller de l'avant, le cœur et le pas plus légers. Pour replacer les morceaux de casse-tête perdus et retrouvés du déroulement de ma vie.

Pour unifier cette part de moi-même dont j'ignorais l'existence jusqu'à tout récemment, et cette autre part qui paradait, s'évertuait à porter un masque de joie de vivre et de capacité à fonctionner adéquatement.

Pourquoi écrire ?

Pour ne pas mourir, parce que le suicide était une obsession constante. Pour ne pas sombrer totalement dans la folie, parce que des périodes désorganisées j'en ai vécues plus d'une.

Pourquoi, pour qui, écrire ?

Pour moi mais aussi pour mes enfants. Ils ont le droit de savoir d'où ils viennent. Ce qu'ils en feront leur appartient. Je ne peux toutefois nier ma crainte de les heurter.

La vérité n'est pas toujours un conte de fée et parfois il y a des choses qu'on aimerait mieux ne pas savoir. Par contre, je ne peux pas nier la «vérité», la «réalité» de ce qu'a été ma vie, une partie de ma vie, ni ses impacts sur mon entourage. À commencer par mes enfants, les êtres les plus chers à mon cœur. Et maintenant mes petits-enfants présents et ceux à venir.

Pourquoi écrire et vouloir être publiée ?

Comme une bouteille jetée à la mer. Dans l'espoir que quelqu'un se reconnaisse dans l'une ou l'autre ligne, ou reconnaisse un proche. Dans l'espoir qu'une flamme vacillante en quelque profondeur obscure, se rallume. Qu'une personne reprenne goût à la vie et recommence à croire que tout est encore possible.

Février 2014

Table des matières

D'où je viens ?

L'enfance

L'adolescence

Cegep et université

J'abandonne les études

En pleine tempête

Quelques années plus tard

L'enfance ...

Je suis la petite dernière d'une famille de cinq enfants. J'étais prête semble-t-il à affronter ce que sera ma vie. Plus tard j'ai su que j'ai failli mourir à la naissance. On m'a donc baptisée le jour même, sous condition. Quatre jours après ma naissance, a eu lieu le baptême officiel. On ne prenait pas de risque à l'époque...

J'ai été aussi le premier enfant de la famille, né à l'hôpital et non à la maison. Hôpital nouvellement construit dans notre petite ville du nord du Québec. J'ai les cheveux foncés, alors que les autres enfants de la famille étaient plutôt blonds à la naissance. « C'est pas mon bébé ! » aurait dit ma mère lorsqu'on m'a présentée à elle pour la première fois. Elle craignait que le personnel de l'hôpital ne se soit trompé.

Peu de temps après ma naissance, notre maman reçoit un diagnostic de cancer. Au début des années 50, les traitements n'étaient pas ce qu'ils sont aujourd'hui. Elle a beaucoup souffert.

...

Je n'ai pas encore deux ans. Je me réveille en sursaut. La terreur m'habite, je crie, je pleure. Je hurle. Assise dans mon petit lit à barreaux tout blancs, j'essaie de me lever mais j'en suis incapable. Tellement je pleure. Je vois entrer deux personnes dans la pièce. L'une d'entre elles, une femme, me prend dans ses bras pour me consoler. L'autre, un homme, lance ces paroles qui résonnent encore parfois dans mon cœur : «Faut qu'elle sorte d'ici, qu'elle parte, elle ne peut plus rester ici !». Je les entends également échanger quelques mots que je ne comprends pas... et puis plus rien.

...

Mon souvenir s'arrête là.

Maman est gravement malade. Elle vient tout juste de crier de douleur. Cela m'a réveillée. Une de mes tantes qui habitait à quelques coins de rue, m'a révélé un jour l'avoir parfois entendue, jusque chez elle. Mon père a donc voulu nous soustraire à ces cris douloureux.

Pendant la maladie de maman, j'ai dû me faire garder souvent, comme mes frères et sœurs chez des oncles et des tantes qui habitaient dans les environs. Nous ne vivions pas toujours ensemble. Je me souviens avoir passé de bons moments chez ma tante Madeleine, une sœur de maman, bonne comme du bon pain. Elle avait des chats et un poêle à bois qui servait de cuisinière. Je passais la majeure partie de mon temps derrière le poêle, à la chaleur, avec les chats qui ronronnaient. Je me souviens de mes deux cousines plus âgées que moi, et aussi de mon oncle Léo. Un homme très gentil, costaud, avec une grosse voix. Il ne mangeait que le biscuit des Whippet et me laissait volontiers, en riant, la guimauve enrobée de chocolat qui le recouvrait. Son père, pépére Boisvert, habitait lui aussi au même endroit.

...

On frappe à la porte de la chambre à grands coups, comme si on voulait la défoncer. J'entends des cris répétés, presque des hurlements de douleur. Quelqu'un cherche à défoncer la porte et invective avec colère, ordonnant de l'ouvrir sur le champ. J'ai peur. Je ne comprends pas. Je me sens comme si je sortais d'un sommeil profond. Un grand brouillard m'enveloppe.

Pendant que les cris se superposent au martèlement répété sur la porte, je me vois soudain assise sur le bord du lit. Quelqu'un m'a dit de me relever, car j'étais couchée. Cette personne me donne une paparmane rose, en m'enjoignant de me taire.

...

Aujourd'hui, je sais que c'est pépére Boisvert qui était là dans la chambre. Le père de mon oncle Léo chez qui je me faisais garder.

...

On est le lendemain de Noël. J'ai deux ans et demi. Ce soir-là, je suis à la maison paternelle. On me réveille et m'habille en hâte. Il fait noir. Maman vient de mourir, à la maison.

Je suis dans les bras d'un homme, mon oncle Léo, qui me tient fermement, près de la porte extérieure. Je pleure et me débats pour aller rejoindre mon père qui est debout, en face de nous. Je l'entends crier « Amene là... ! ».

On part dans la froidure et la noirceur de l'hiver.

En même temps que je perçois, l'amour de mon père, je ressens son exaspération, sa douleur, mais surtout je reçois un rejet immense, comme un boulet en plein cœur. Je suis bouleversée par toutes ces contradictions, ces émotions intenses.

...

Ensuite ***je retourne vivre quelque temps chez ma tante Madeleine.***

Chaque fois que j'ai entendu une phrase semblable à « *Amenez-le* », dans un film, j'ai eu un pincement au cœur. Je ne comprenais pas pourquoi, jusqu'à ce que ce souvenir remonte à la surface.

Maman est décédée en laissant cinq enfants orphelins de mère et un vide béant. Un immense trou noir. Insondable. Il y a un grand silence autour de sa mort. On n'en parle pas. Elle est morte le lendemain de Noël. Elle voulait tenir le coup jusque-là pour que ses enfants ne soient pas en deuil en ce jour de fête...

Malgré la peine et toutes les douleurs non exprimées, tous les non-dits, du plus loin que je me souvienne papa faisait tout en son pouvoir pour donner à ce jour un caractère magique.

Puis à la suite du décès de maman, il a bien fallu que papa s'organise. Des jeunes filles ont été engagées comme gardiennes pour s'occuper des enfants et de la maison. Il y en aurait eu plus d'une, car elles n'étaient sans doute pas toutes expérimentées et probablement trop jeunes pour s'occuper de toute une maisonnée. Je me souviens d'une seule d'entre elles. J'aurais tant aimé qu'elle reste toujours avec nous, mais elle est partie se marier et créer sa propre famille.

Lorsque j'ai eu trois ans, papa s'est résigné à me laisser quitter la maison.

Ma tante Madeleine, qui s'occupait de moi auparavant, étant affectée de la maladie de Parkinson, il a dû me confier à une autre des sœurs de maman. Ma tante Marthe, qui n'avait pas d'enfants. Elle ne pouvait pas en avoir et était heureuse de m'accueillir chez elle. Par-contre elle demeurait loin, très loin, à environ 500 km de chez papa. Ce fut donc pour moi le début d'un long, très long exil.

...

C'est l'hiver. Je suis dans la maison paternelle. Il fait un beau soleil. Ses rayons inondent la pièce. Je suis heureuse, insouciante. Je me sens bien. Entourée d'amour, je m'y baigne comme dans cette lumière dorée.

Quelqu'un m'annonce qu'une dame viendra bientôt me chercher. J'irai habiter chez elle ! Mon coeur bat très fort. J'ai peur. J'ai mal. Je vais partir d'ici ? On me dit qu'elle est très gentille. Alors pourquoi viendrait-elle m'arracher à mon oasis de lumière et de paix ?

...

Je ne m'en souviens pas, mais il paraît que je fais ma petite valise. J'ai mis des choses importantes pour moi dans un panier de bleuets, en bois. Je veux faire plaisir. Je ne veux pas déranger. Puisqu'il le faut ! J'irai !

Cette dame, ma tante Marthe, venait de loin et elle venait exprès pour me chercher. J'espérais tant qu'elle n'arrive jamais ! Le jour de son arrivée, on m'avise qu'elle sera là, très bientôt.

...

De la fenêtre, je la vois marcher péniblement sur le trottoir enneigé. Je ne l'aime pas. Je lui en veux ! Elle glisse et tombe soudain dans la neige. Malheureusement, elle se relève. J'aurai à partir avec elle.

...

Dès l'âge de trois ans et demi, je suis donc partie en exil à l'extérieur de l'Abitibi, dans la région de Montréal. À Pont-Viau, aujourd'hui appelé Laval.

Je me souviens très bien de ce long voyage, en autobus, en plein hiver, accompagnée de ma tante Marthe. Par la fenêtre de l'autobus qui nous amène, je pouvais voir des monuments de glace. Des monuments de glace qui apparaissent alors qu'on traverse un village. Je suis émerveillée !

Par contre, l'accueil dans ma nouvelle famille est moins sympathique. Je me rappelle de l'arrivée... Mon oncle avait oublié de venir nous chercher au terminus. Désemparée et pas très riche, ma tante a dû prendre un taxi. Arrivées à la maison, elle ouvre la porte et me laisse entrer.

...

Mon oncle est couché sur le divan et se lève en titubant. Surpris, il prononce quelques mots de bienvenue, avec l'air faussement enjoué de quelqu'un qui a trop bu. Rien pour me rassurer ! C'est la première fois que je suis confrontée à ce genre de comportement. Ce ne sera pas la dernière. Bien que ma tante soit présente et accueillante, ce jour-là j'ai senti que je devrai me débrouiller seule, à partir de maintenant. Je comprends que je suis dans un monde qui peut être inquiétant et que je devrai me défendre seule à l'avenir. Pour donner le change, et ne pas me laisser écraser par la trop grande anxiété qui m'envahit, je lui lance ces mots à la figure : « Aïe toé-là...là ! viens jouer !». Ça l'a désarçonné... Un semblant de relation pouvait commencer !

...

Je suis partie de chez moi, en faisant semblant d'être heureuse, pour ne pas déplaire, pour ne pas déranger. Maintenant je dois faire semblant d'être joyeuse, pour survivre! C'est ma porte de sortie, le mécanisme de défense que j'ai trouvé. Ce sera mon bouclier pour faire face au monde extérieur qui peut parfois être hostile.

Ce fut pour moi le début d'une longue période de solitude et d'ennui. Je m'ennuyais tellement de ma famille, de mes frères, de mes sœurs et de mon père. J'ai pleuré souvent. Je me souviens d'un mot griffonné sur un bout de papier à l'intention de mon père. Cette petite lettre a reçu tant de larmes. Elles ne cessaient de couler. Le papier en est resté marqué.

Séparée de ma famille, exilée, déracinée, j'en idéalise tous les membres, surtout mon père, mais aussi mes frères et mes sœurs.

J'ai environ cinq ans. Je suis exilée à l'autre bout du monde, à 500 km de chez moi. Je me sens exclue, bannie du clan familial. J'en ressens une profonde douleur, une grande tristesse. Je m'ennuie terriblement. Je dois être bien méchante ! J'ai dû commettre un bien grand crime, une grande faute pour mériter un tel châtiment.

...

Maman est disparue. Elle est morte. « C'est ça ! Je suis responsable de sa mort ! C'est de ma faute ! C'est pour ça qu'on m'a envoyée loin de ma famille. Pour ne plus que je fasse de mal. » Ça explique tout... !

...

J'ai porté cette culpabilité longtemps, jusqu'à l'âge adulte. À cela s'est ajoutée la mort de ma tante Madeleine. Et puis plus tard, la disparition de mon frère aîné, le plus vieux de la famille. Tout est de ma faute...

Même si mon raisonnement d'adulte m'a permis de réaliser que je n'étais pas responsable de ces morts et de ces disparitions, mon cœur d'enfant en était convaincu.

...

Quelque temps après mon départ, notre grand-mère maternelle s'installe à la maison de mon père, pour s'occuper des enfants restés au foyer familial. J'aurais tant aimé y retourner. Je veux tellement y retourner. Je veux aller vivre avec eux !

...

Je n'ai pas cinq ans.

J'entends une lourde porte se refermer derrière moi avec un bruit infernal. Une porte immense, lourde et qui ne permet aucun retour en arrière. Ça doit ressembler à ça quand une porte de prison se referme derrière un prisonnier. Il fait noir. J'ai peur. Je suis terrorisée. Je ne comprends pas la confusion et la douleur qui m'habitent. Je comprends d'autant moins qu'il y a un soleil éclatant qui inonde l'endroit où je me trouve soudainement.

Les portes de l'enfer viennent de se refermer derrière moi. J'y suis plongée ! Pourtant, j'entends en moi comme une voix douce et bienveillante, qui cherche à me réconforter, et m'assure qu'elle est là, présente. Elle sait. Je ne suis pas seule. Elle va m'aider. Elle m'assure qu'un jour, je sortirai de ces ténèbres.

De jeunes enfants que je connais bien, plus jeunes que moi, sont tout près dehors, à s'amuser. Je m'approche et commence à jouer avec eux. Et puis... plus rien. C'est l'oubli...

...

Cette fois-ci, j'ai appris à me taire parce que j'ai peur ! On m'a menacée ! Je me sens mourir à petit feu ...

J'ai tellement pleuré. J'ai imploré mon oncle et ma tante de me laisser aller vivre avec ma famille. J'ai eu connaissance un jour, que papa l'aurait souhaité lui aussi.

Au milieu de la nuit, je l'ai entendu le demander et puis hausser le ton, en grande discussion avec mon oncle dans la cuisine.

...

Une porte nous sépare. Je suis couchée dans le salon, J'ai essayé de me lever pour dire que c'est ce que je voulais moi aussi, plus que tout au monde. Mon coeur bat très fort. Il y a quelqu'un étendu près de moi, qui me somme de rester couchée, de ne pas me mêler de ça, que ce sont des affaires de grandes personnes.

...

Elle ne pouvait pas savoir... Mon oncle a réussi à convaincre mon père que je devais rester dans ma famille adoptive. Le lendemain, le cœur déchiré, la mort dans l'âme, j'ai regardé partir mon père, mes frères et mes sœurs. Sans moi. Encore une fois.

Cette fois ci, j'apprends à me taire. Pour ne pas déranger. J'intègre que je n'en vaux pas la peine. Mes désirs les plus profonds, mes besoins ne sont pas importants.

Mais enfin... Enfin ! Je sais. Je sais maintenant que papa aussi souhaite que j'aille vivre avec eux. Ce sera un phare dans ma vie.

...

L'injustice me répugne, surtout quand des petits, des plus faibles en sont victimes.

J'ai 6 ou 7 ans. Dans la cour d'école, je cours après une grande de 4e ou 5 e année. Je la poursuis jusqu'à ce qu'elle tombe, et lui martèle le dos à coups de poings. Je suis en colère.

Elle venait de faire du mal à une toute petite de 1re année, incapable de se défendre.

On m'a sermonnée, c'est sûr, mais j'ai crû percevoir un sourire retenu quand j'ai expliqué mon geste. Moi j'étais contente d'avoir agi de la sorte. On ne s'en prend pas à plus petit que soi.

...

Je me suis souvent sentie isolée, seule et triste de n'être pas avec mes frères et sœurs. Durant toutes ces années, j'ai vécu avec le sentiment d'être de trop dans la vie et sûrement très méchante... avec le sentiment de vouloir disparaître. Le sentiment que je n'aurais jamais dû exister.

Pourtant, comme si de rien n'était, je considère, dans un certain sens, avoir eu une enfance privilégiée jusqu'à l'âge de 10 ou 11 ans... Pourquoi aurais-je pensé autrement ? Je vivais dans une famille où je recevais tous les soins de base nécessaires à mon jeune âge et de l'affection tant de la part de ma famille adoptive que de ma famille d'origine. Surtout quand je me remémore les étés vécus en forêt en Abitibi, remplis d'amour et de joie de vivre, au chalet que papa avait construit quelques années avant le décès de maman. Durant les vacances scolaires, j'étais enfin avec mes frères et sœurs et nous étions nombreux à jouer, à s'amuser en pleine nature avec les cousins, les cousines, les amis et voisins des chalets d'à côté.

On y vivait en quasi autonomie. Un vrai camp de vacances. Les plus vieux prenaient soin des plus jeunes, et chacun devait faire sa part dans l'organisation quotidienne.

Ces étés vécus dans un climat serein, entourée des miens, dans une nature sauvage, vivante, m'ont été d'un précieux secours. Une bouée de survie ... Encore aujourd'hui, le contact avec la forêt me sert de ressourcement de premier plan.

Comme beaucoup d'enfants résilients, durant cette période, je me préoccupais peu des éléments empoisonnés de ma vie. Je ne considérais que le crémage du gâteau. Je profitais des bons moments et je jouais à être heureuse. La survie parfois en dépend. Comme quoi les apparences sont souvent trompeuses.

L'adolescence ...

Je trouve plus difficile de parler de mon adolescence. Probablement parce qu'elle n'a pas été facile, et que j'ai moins de souvenirs heureux. Les seuls bons souvenirs de cette époque sont les moments où j'ai pu faire de l'équitation. J'avais 15 ou 16 ans. Une écurie venait de s'installer tout près de chez mon père où je me rendais parfois au cours de l'été. J'avais mon cheval attitré. Dès que j'avais un peu d'argent de poche je me rendais à l'écurie.

Jusqu'à l'âge de dix-huit ans, je vis donc chez ma tante.

Pendant l'enfance, même si je suis déracinée, j'y reçois de l'attention et de l'affection.

Ma tante Marthe m'aimait beaucoup et elle était bonne avec moi. Elle m'a appris tant de choses : bricolage, couture, tricot...mais aussi l'accueil de l'autre...On avait une belle relation...

Cependant au fil des évènements et des années, l'image d'une maman s'éteint en moi...celle de ma mère dont l'image me quitte ... Et celle de cette tante représentant une maman... Je l'efface. Je ne veux pas ressembler à cette femme. Elle est comme une ombre auprès de son mari. Passive et docile. Elle n'a pas su me protéger. Je lui en veux inconsciemment. Je lui en ai voulu pendant des années, sans me l'avouer, de n'avoir pas su me protéger, me guider. J'étais ambivalente. Au fil du temps j'ai commencé à vivre un grand malaise par rapport à elle. C'était tout mêlé. Pendant de nombreuses années, je me détestais et me jugeais bien ingrate de ne pas être capable d'avoir de meilleurs sentiments envers elle.

Plus tard beaucoup plus tard, j'ai compris avoir été aux prises avec les manipulations d'un homme malade qui me plaçait sur un piédestal, pendant toute mon enfance. Jusqu'à l'adolescence...

À l'adolescence ma tante se fait de plus en plus absente. Est-ce dû à la dépression majeure qu'elle a vécue à cette époque ? Je ne saurais le dire. Mais j'étais laissée à moi-même. Je ne me souviens d'aucun évènement positif ou négatif en lien avec ma tante lors de cette période. Surtout je ressens un profond malaise face à Raymond, son mari. Je sens confusément dans mon cœur d'enfant et maintenant de jeune adolescente, qu'il se passe quelque chose de malsain. Son autorité me fait peur. Je la sens désajustée.

Raymond, est une personne manipulatrice. Il use d'un pouvoir abusif envers moi. Il fait preuve d'une autorité qui n'est pas toujours cohérente. Il menace. Il méprise. Il dénigre. Mais en même temps il s'occupe de moi par des jeux, de la stimulation intellectuelle et scolaire... jusqu'à l'adolescence !

Et puis plus rien... Tout cela fait que je vis de la confusion. Il a vraiment une grande emprise sur moi. C'est subtil, mais très fort.

Je vivais donc dans ma famille d'adoption où les règles étaient très sévères. J'avais rarement l'autorisation d'aller à des activités. On m'accordait peu de sorties, même pas avec des groupes intéressants et bien organisés comme les Guides ou la JEC (Jeunesse étudiante catholique) où j'aurais aimé m'impliquer. Cela m'était interdit.

J'avais très peu l'occasion de socialiser en gang. Contrairement à mon enfance où vivre en gang faisait partie du quotidien, pendant l'été du moins. Je me souviens d'une rare autorisation où on m'a permis de joindre un groupe d'ami-es, lors d'une soirée organisée chez l'une de mes cousines. Je me rappelle aussi d'un certain soir où ma sœur et cette même cousine viennent me chercher simplement pour aller prendre une marche. On m'a alors interdit de les accompagner. Je me souviens encore du sentiment d'incompréhension, d'injustice devant cet abus d'autorité et de l'absurdité de la situation. «C'est ma sœur, que je vois si peu souvent, et ma cousine !»

Cela me paraissait d'autant plus absurde que je connaissais un autre mode d'autorité et d'encadrement parental vécu dans ma famille d'origine.

Mon père avait cette faculté d'encadrer tout en respectant l'autonomie et en faisant confiance.

Vers l'âge de 12 ans, ma vie bascule. Cela se produit alors que ma tante, en grave dépression, est hospitalisée à l'extérieur de la région, à Montréal. Ce n'est que plus tard, beaucoup plus tard, vingt-cinq ans plus tard, que j'ai commencé à comprendre...

J'ai commencé à comprendre à quel point mon oncle avait de l'emprise sur moi... À quel point il exerçait son contrôle en me privant de ma vie, de ma propre vie...Comment pouvais-je par la suite accepter de recevoir ses conseils ? Celui qui m'en a donné le plus est celui-là même qui a brisé ma vie, ma confiance en moi et dans les autres. Qui m'a fait perdre ma dignité, mon innocence, mon enfance et mon adolescence. À cette époque, à cet âge, en tout cas dans le monde où j'évoluais, on était encore toute naïve et innocente.

Mon oncle commence à manifester de l'animosité à mon égard. Je suis devenue un objet de mépris. Aujourd'hui je sais que j'étais dissociée. L'affect brisé. Je me sentais piégée, contrôlée, jugée, méprisée et démolie. Je voulais partir vivre chez mon père, mais mon oncle réussissait toujours à m'en dissuader. Il disait que mon père en avait déjà assez sur les bras, qu'il n'avait pas besoin de moi en surplus, que je serais un poids lourd. Je me sentais alors davantage prisonnière d'une vie que je n'avais pas demandé à vivre. J'avais le sentiment de faire du temps. Comme en prison. Je vivais dans le silence et la culpabilité.

À partir de ce moment, je sens une grande révolte envers ma famille d'adoption. J'ai longtemps pensé que cette révolte était due aux abus d'autorité ou à mon tempérament de révoltée et d'ingrate; parce que c'est ce que je croyais être. Je me sentais devenir agressive à l'occasion envers mon oncle. Il m'est arrivé de le confronter à quelques reprises, comme le font bien des adolescentes d'ailleurs. Mais je ne savais pas sur quel terrain me battre.

Ces confrontations prenaient une drôle d'allure. Mon oncle conservait une attitude très autoritaire envers moi, tout en me manifestant du mépris. À certains moments il ne m'adressait plus la parole. Cela pouvait durer des jours. Je n'existais plus. Je vivais du rejet et j'intégrais ce rejet et le mépris. Je me refermais encore plus sur moi-même.

Pendant plus de vingt-cinq ans, je n'ai aucun souvenir, même confus, aucune trace de ce qui s'est passé. J'ignore pourquoi je lui en veux tellement. Je me sens coupable de le détester et je me déteste de vivre ces sentiments.

À l'école, j'avais peu d'amies. Je me trouvais trop différente. Toujours à part. De toute façon, je n'avais pas grand-chose à leur dire à ces filles pour qui la vie semblait facile, drôle. Elles étaient capables d'échanger, de rire. Je n'avais rien d'intéressant à leur partager. Pour ce qui est des gars, ce n'était pas mieux. À cette époque, j'avais beaucoup de difficulté à entrer en relation avec les autres. Je me refermais de plus en plus sur moi-même, et ne comprenais pas pourquoi j'avais tant de mal à m'intégrer à des groupes. J'ai vécu mon adolescence dans le déni et en faisant semblant d'exister.

De toute façon, personne ne me comprendrait. Moi-même je ne me comprenais pas. Tout ce que je savais, c'est que je n'avais pas accès à ce monde plein de vie de mes camarades de classe. En plus, j'étais certaine que les adolescents qui m'entouraient ne pouvaient pas avoir accès à l'univers sombre et douloureux que je portais en moi. Moi-même je m'interdisais d'y accéder véritablement. C'était trop effrayant, trop monstrueux. Alors je le niais.

...

Je ressentais cet univers sombre, mais j'en ignorais totalement la cause. C'était complètement effacé de ma mémoire. Malheureusement les conséquences étaient, elles, très présentes et faisaient des ravages intérieurs.

...

Faire semblant pour que rien n'explose à cause de moi. Pour ne pas déranger. C'est ce que j'ai intégré jeune, très jeune. C'est ce que j'ai continué à faire, à vivre. Et puis ? Quoi dire ! À qui le dire. Comment dire ce que-le cerveau a effacé.

Je ne pouvais rien dire parce que de toute façon je ne savais pas quoi dire. Je me réfugie dans ma tête. Je me réfugie dans les études. De dernière de classe au début du cycle primaire, je passe à la première place au secondaire.

...

Adolescente, je me sens à part, pas comme les autres. Une mort intérieure est déjà présente. Je ne me comprends pas. Je me souviens d'une image affichée à l'école qui me bouleverse. Chaque jour je dois passer devant un poster installé sur les murs du palier d'un escalier que je dois emprunter pour arriver à ma classe. J'aurais aimé passer par un autre chemin. Ça m'était interdit. Le poster représentait un enfant malheureux, qui aurait été violenté. À l'époque on n'abordait pas encore le sujet des abus sexuels. En tout cas je ne m'en souviens pas. Le texte mentionnait que la violence envers les enfants ne devrait pas exister.

...

Des années plus tard, il m'est arrivé d'en rêver. D'en rêver régulièrement, d'en faire des cauchemars. De rêver d'escaliers que je cherche à contourner, dans une école. Je cherche désespérément à éviter de passer devant cette affiche ...mais c'était impossible...

...

J'ai 15 ans et je veux mourir. Je suis déjà morte par en dedans, mais je ne le sais pas encore vraiment. Il y a longtemps que je veux mourir pour de vrai. Ne plus exister. Ne plus être là. Surtout ne plus vivre cet enfer intérieur qui me ronge et que je cherche à camoufler, à dissimuler au regard des autres.

C'est l'hiver. Il fait noir. Il fait froid. Je suis seule, désespérément seule. À la sortie de l'école, je déambule pendant des heures dans les rues du quartier. Je n'arrive pas à me résigner à revenir dans ce logis que je perçois à cet instant comme un tombeau. Un lieu de mort. Pourtant mes parents adoptifs m'y attendent avec un repas chaud. Suis-je donc si ingrate de ne pas reconnaître et apprécier tous leurs bons soins ? Finalement de guerre lasse. Ne sachant où aller. J'y retourne. J'entre dans cette maison comme un soldat enrôlé de force. Sitôt arrivée, je me fais engueuler royalement par mon oncle et reçois les poignards qui sortent de ses yeux comme autant de coups de couteaux en plein cœur. Le soldat est mort avant d'avoir pu prononcer un mot.

...

Puis le chantage émotif faisant son œuvre, je suis demeurée sur place dans cet univers obscur qui me détruit... jusqu'à l'âge de dix-huit ans.

Dès que j'ai atteint mes 18 ans, j'avais l'âge légal selon les dires de mon oncle, pour quitter cette maison où je me sentais mourir. À la fin du cégep, au début du mois de juin 1970, je réussis à dénicher et à m'inscrire à une formation collégiale qui ne se donnait pas en région. Je cherchais surtout à m'éloigner de la ville où habitait mon oncle.

Puis, je me rends chez mon père qui m'accueille à bras ouverts. J'obtiens mon premier emploi d'été. J'aurais aimé travailler bien avant ça, mais mon oncle ne voulait pas.

À l'automne je pars étudier dans la grande ville de Montréal. J'habitais en appartement avec une de mes soeurs. Nous avions la chance d'avoir un père qui payait nos études. J'ai pu expérimenter un peu plus de liberté d'agir et une certaine auto nomie. Surtout, je n'avais plus à subir l'oppression quotidienne, le regard autoritaire et les attitudes méprisantes de mon oncle.

J'ai quitté la maison de cet oncle, en révolte. Pendant plusieurs années je suis incapable de les voir. Ni lui, ni ma tante. C'était impossible de m'ouvrir à cette femme qui était l'ombre de son mari. Je ne voulais plus voir ni entendre parler de cet homme chez qui j'avais grandi. C'était viscéral. Je n'allais pas bien. Pendant longtemps je me suis sentie dégueulasse et sans coeur de ne pas avoir plus de considération pour ces personnes qui m'avaient beaucoup donné, qui avaient pris soin de moi pendant près de 15 ans.

J'ai porté énormément de culpabilité par rapport à ce que je ressentais envers eux.

Après trop d'années, j'ai reconnu ce qui s'était passé J'ai pu commencer à me débarrasser d'un lourd fardeau d'auto-dénigrement et d'une grande culpabilité, qui n'aurait jamais dû m'appartenir.

Le cégep et l'université ...

À l'automne 1970, j'étudie au cégep dans un domaine qui ne me convient pas vraiment, je l'ai choisi uniquement pour fuir un environnement malsain. Je suis maintenant loin de ma famille adoptive. De mon oncle surtout. Plus tard, je m'inscrirai en psychologie–sociale à l'université. C'est un tout nouveau cours qui correspond mieux à mes aspirations. Je veux aider, contribuer à une vie meilleure pour mes concitoyens. Je pressens que la psychologie combinée avec l'aspect social doit sûrement donner de très bons outils pour intervenir dans ma communauté.

J'habite un petit appartement avec ma sœur, un peu plus âgée que moi. Une de nos cousines habite aussi à Montréal, pour étudier. Nous avons un bon réseau d'amis provenant en grande partie de notre région. Ils sont venus dans la grande ville pour étudier eux aussi. Enfin j'ai une vie sociale normale.

Quelques jeunes hommes me font la cour, mais je ne suis pas vraiment intéressée. Pourtant, l'un d'entre eux, Sylvain se fait plus insistant et j'accepte finalement de sortir avec lui. Il est drôle. Ses parents sont gentils et ils habitent Montréal. C'est une famille de chasseurs. Je me rends même à une activité de chasse avec lui et son père.

Au printemps j'accepte de l'accompagner avec un groupe d'amis pour une fin de semaine dans les Laurentides. On y fait de l'équitation. Quel bonheur ! Moi qui aime tant les chevaux.

Pendant des années, je n'ai plus voulu faire d'équitation... sans comprendre pourquoi. Je commençais à vivre de l'agoraphobie. Je me souviens d'un spectacle auquel je me suis sentie incapable d'assister. Je devais y aller en compagnie de ma sœur et de l'une de nos cousines. C'était l'opéra-rock Tommy, qui faisait fureur à ce moment-là. Pourquoi avais-je refusé de les accompagner ? J'étais restée seule à l'appartement, rongée par l'anxiété. Je me sentais imbécile et coupable de *je ne sais quoi.*

Je ne vais pas très bien. J'ai de la difficulté à me concentrer et à fonctionner. Je me sens perturbée... Je n'arrive plus à entrer en contact avec les autres, même avec notre réseau d'amis.

Finalement, j'abandonne mes études et je quitte Sylvain.

Pendant des années, je me suis sentie terriblement coupable de l'avoir quitté. Il était pourtant gentil. Encore une fois je me sentais ingrate et méchante. Coupable. Je m'en voulais aussi d'avoir laissé les études. Je m'inventais toutes sortes de raisons pour essayer d'expliquer ce geste. J'étais en choc post-traumatique sans le savoir. Par la suite, j'ai vécu de nombreuses années perturbée, sans en connaître la raison.

...

On était dans un chalet situé dans les Laurentides. Il appartenait aux parents de l'un de nos amis. Le prétexte pour s'y rendre, était d'aller faire de l'équitation. J'aimais tellement faire de l'équitation ! Je me souviens en avoir fait pendant cette fin de semaine là. Et puis ! « Black out». Plus rien, pendant des décennies.

J'abandonne les études ...

Je n'arrive plus à me concentrer. Je ne sais pas ce que j'ai. Je m'isole de plus en plus. J'habite encore un certain temps avec ma sœur. Elle ne comprend certainement pas plus que moi ce qui m'arrive. À cette époque, ce genre de choses ne nous était pas connu. Il n'y avait personne à qui se confier, ni aucun organisme auquel se référer. Finalement j'abandonne les études et je me cherche du travail.

Un premier emploi consiste à vendre de porte à porte des abonnements du magazine Maclean's et d'autres revues. Plus souvent qu'autrement, je me transforme en travailleuse sociale. J'accueille les confidences des personnes rencontrées et je leur offre mon soutien. Je me vois encore en pleurs, assise dans une cage d'escalier après une rencontre bouleversante. Je me sentais alors bien impuissante dans ce rôle d'aidante, et en plus le salaire promis n'était pas au rendez-vous. J'ai compris que le métier de vendeur n'était pas pour moi.

Je travaille ensuite pour un organisme qui vient en aide à des personnes ayant un problème de santé mentale. C'est un centre de jour dont la mission est de soutenir des personnes qui ont été hospitalisées et tentent de reprendre leur vie en main. Je suis à l'aise dans cet emploi. Je me sens bien avec ces personnes, et je suis appréciée. Je suis déçue que le projet se termine faute de budget.

Je m'implique alors dans un organisme de quartier, précurseur des bureaux d'aide juridique. **Avocats populaires** que ça s'appelait. On apprenait à connaître et comprendre les lois et règlements concernant l'assurance chômage et l'aide sociale. Le but étant d'aider et accompagner les personnes ayant des difficultés avec ces institutions.

Au fil de cet engagement, je rencontre un jeune homme, que j'appellerai Éric, avec qui je partage des valeurs altruistes et d'engagement social. Pour un avenir meilleur, pour les déshérités et pour les enfants à venir. Je veux faire ma vie avec lui. Je le présente à mon père. Il est en colère parce que j'habite déjà avec

Éric sans être mariée. À cette époque, ça ne se faisait pas. Je n'ai pas la force de lui tenir tête. Pas à lui...

Je retourne vivre à Montréal avec mon ami. Je réussis à demeurer active dans l'organisme **Avocats populaires**, même si je suis toujours perturbée. Bien que ça ne paraisse pas trop de l'extérieur, je suis très confuse. Il m'arrive souvent de faire des crises d'angoisse mais je ne sais même pas ce que c'est à ce moment-là. Je ne suis pas en mesure de les reconnaître. Je me cherche. Je cherche à reprendre vie. Malgré les attentions de mon ami, je ne réussis pas à être vraiment fonctionnelle. Je suis dissociée intérieurement.

Je pars en voyage, seule, pour quelques semaines en pensant que ça m'aiderait à me retrouver.

Au retour, je suis toujours instable, brisée, confuse et je vivote du mieux que je peux. Je quitte cet homme avec qui j'aurais pourtant aimé vivre toute ma vie. Je ne me comprends pas, mais je sais que je ne le mérite pas. Je ne mérite pas ce bonheur. J'en suis indigne. Je ne ferai pas ma vie avec lui.

Je pars de la ville pour aller vivre sur une ferme qui appartient à des amis. Une petite famille dont la maman est d'origine portugaise. J'ai le couvert et le gîte en échange des travaux que j'effectue sur la ferme. J'aime les animaux et la nature, alors je me sens bien. J'y vis pendant environ un an et demi. Jusqu'à ce qu'un voyage s'organise avec des amis et mon nouveau chum. On part dans un autobus transformé en Winnebago. Pendant le voyage, mon copain me trompe, presque sous mes yeux, à deux reprises avec des filles du groupe, dont l'une de mes bonnes amies. Je ressens de la trahison, du rejet, de l'abandon.

L'affect de plus en plus brisé, de plus en plus dissociée intérieurement, mon cœur se durcit. Je quitte le groupe et me retrouve seule, loin de chez moi, sans beaucoup de ressources financières.

Suite aux trahisons et aux infidélités de ce copain, je quitte le groupe d'amis avec qui j'étais partie en voyage. Je continue le voyage seule, à l'aventure...

En pleine tempête ...

Ma vie est bouleversée, je voyage sur le pouce. Seule, en pleine tempête intérieure. Désorganisée, en situation de détresse épouvantable. Toujours en état de choc, sans aucun repère pour comprendre ce que je vis. Fragile, vulnérable, je suis devenue une proie facile. Je suis agressée. Sans ressources. Je suis brisée.

Le choc est grand, je suis en état de déni total, d'amnésie. L'amnésie s'installe automatiquement depuis déjà quelques années, après chaque drame. Je me crois folle, je me sens folle. Complètement abasourdie, désorganisée, sans repères, dysfonctionnelle. Sans comprendre. Sans soutien. Je survis pourtant. Je ne sais trop comment, mais j'avance. J'avance dans les évènements de ma vie, sans trop comprendre, en titubant, en tombant parfois, en m'écorchant.

Comment ai-je réussi à m'extirper de ce cauchemar ? Je ne saurais l'expliquer. Un soubresaut d'énergie vitale, de désir de vivre à tout prix m'a permis de trouver mon chemin jusqu'à mon village d'origine. J'ai abouti chez mon père.

Bien que fort probablement sidéré de me voir démolie de la sorte, il m'a accueillie les bras ouverts.

Toujours dans l'amnésie la plus totale, j'ai passé un an chez lui, à reprendre des forces, à passer d'un état de désorganisation quasi complet à un état de capacité fonctionnelle ou presque. Je suis sortie d'un long cauchemar, dont je ne reconnais pas la cause, et que j'ai ignorée pendant des décennies.

Finalement, je reprends pied, suffisamment pour être capable de travailler... des emplois occasionnels...

Quelques années passent...

Et puis, mes enfants sont arrivés comme un cadeau du ciel. J'ai tenu à rester auprès d'eux jusqu'à ce qu'ils fréquentent l'école. Ce furent les plus belles années de ma vie, malgré que leur père consommait passablement d'alcool à cette époque...

Quelques années plus tard …

Jeune maman, j'ai pris le temps de vivre à la maison pendant les premières années d'enfance de mes deux amours. Je cherche à travailler et à m'impliquer socialement. Je m'investis auprès de groupes de soutien et de relation d'aide auprès des femmes, mais aussi auprès des enfants qui ont été abusés sexuellement. Au bout d'un certain temps, j'ai un emploi dans l'un de ces groupes.

…

À un certain moment, alors que je suis au téléphone avec une autre intervenante à propos d'une situation d'abus, vécue par une fillette… je me sens tout à coup incapable de poursuivre la conversation. Je suis envahie par des émotions intenses irraisonnées, et je suis prise d'un haut le cœur incontrôlable. Je ne comprends aucunement ce qui m'arrive, et mon corps réagit violemment au point où je m'enferme dans la chambre de bain, à tenter de vomir... J'essaie de vomir, mais j'en suis incapable. Je suis en sueur, étourdie. Une brume m'envahit. Je ne vois que du noir et je dois m'agripper au lavabo.

…

Mes compagnes, collègues de travail, veulent m'aider et tentent de me réconforter. Elles frappent à la porte. Je n'ouvre pas. Je suis barricadée, incapable de recevoir aucune aide que ce soit. Je suis trop perturbée.

Je perçois aujourd'hui qu'elles se doutent un peu de ce qui se passe, ce qui m'arrive. À ce moment-là, je suis incapable d'affronter la réalité qui me rattrape. Je refuse même d'y penser. Je crois devenir folle.

Je ne comprends pas ce qui m'arrive. Je commence à faire des cauchemars et j'en fais de plus en plus souvent. Cela dure des mois. Je sens que je dois m'occuper l'esprit à tout prix. Ce n'est que quelques années plus tard que j'ai compris ce qui s'était produit à ce moment.

Peu de temps après, je quitte cet emploi et toutes les activités reliées à ce domaine. C'est trop pénible. Je vis beaucoup d'anxiété. Une brume envahit constamment tout mon être. Je me sépare d'avec le père de mes enfants et je me réoriente vers des études dans le domaine scientifique. Je dois m'occuper l'esprit… Je me réfugie dans ma tête comme je l'ai fait quand j'étais à l'école secondaire. Je déplore devoir faire le deuil des activités et engagements qui m'intéressent et m'interpellent au plus haut point. Je me sentais à ma place dans ces lieux d'entraide et d'interventions sociales. Je me sentais utile et je reprenais confiance en moi. Des liens importants ont été créés avec toutes les intervenantes du milieu.

Afin de retourner aux études, je dois déménager à Rouyn où je m'inscris dans un baccalauréat en sciences. Durant cette même année, je vis une séparation de couple qui a duré un an et demi. Mon oncle qui est aussi mon père adoptif est décédé et un mois à peine après mon entrée dans mon nouveau logement, un incendie s'est déclaré. Le propriétaire ayant mis le feu accidentellement en faisant des rénovations.

Je vis seule avec deux jeunes enfants et je suis retournée aux études.

L'incendie fut la goutte de trop.... Je me suis retrouvée complètement anéantie, épuisée. J'ai dû interrompre les études. Par contre cela a permis de faire aboutir un abcès qui me rongeait depuis très longtemps, même si je n'en reconnaissais pas l'existence.

Des évènements traumatisants provenant de ma jeune enfance refaisaient surface. Les cauchemars prenaient vie et j'ai pu commencer à les traiter. J'ai fait appel au Point d'Appui de Rouyn-Noranda (CALACS). Au début, c'était très difficile. Je pensais que mon imagination me jouait des tours, que j'inventais. Pourtant, je hurlais au téléphone. J'étais incapable de rencontrer quelqu'un face à face pour en parler. Peu à peu, après quelques interventions téléphoniques j'ai pu me présenter en personne à une première rencontre. La première d'une longue série d'interventions et de thérapies échelonnée dans le temps.

Pendant un an, je rencontre une intervenante du Point d'Appui (CALACS, Centre d'aide et de Lutte contre les Agressions à caractère Sexuel de Rouyn-Noranda), ainsi qu'une travailleuse sociale. Une année s'est écoulée avant que je sois en mesure de reprendre les études à temps plein.

Je dois survivre ! Tout se passe comme si, jusque là, je ne me donnais pas le droit de laisser monter mes souvenirs. Incapable de dire ! Il aura fallu que des évènements, des stress intenses se succèdent et m'écrasent. Séparation de couple, déménagement seule avec mes enfants, études, deuil, incendie... Et puis je suis loin de ma famille... Comme si tout s'était mis en place pour que je puisse maintenant laisser monter des souvenirs douloureux qui me faisaient honte.

Le début de ma guérison s'est amorcé vers l'âge de 35, 36 ans, mais elle n'a pu être complétée. Je suis trop occupée à survivre. Il fallait que j'étudie, que je fasse vivre mes enfants. J'avais besoin de m'occuper l'esprit, c'était viscéral. Je comprends aujourd'hui que je n'étais pas prête à aller plus loin. Je n'avais même pas la force d'affronter toute l'horreur qui m'assaillait. Encore une fois, comme à l'adolescence, je me suis réfugiée dans ma tête. Coupée de mes émotions. Le rationnel et les études étaient devenus ma porte de sortie, mon radeau, ma survie. C'est à cette période que j'ai entrepris des études intensives en sciences. Je faisais face à un mur. Si je tentais de l'escalader, il se serait effondré sur moi. Je devais le contourner.

Je disais que je devais m'occuper l'esprit pour ne pas devenir folle complètement. Ou me tirer une balle dans la tête. J'avais des enfants. Je ne voulais pas qu'ils aient à affronter la vie sans avoir de maman à leur côté. Je ne voulais surtout pas leur faire vivre le deuil d'une maman qui se serait enlevé la vie. Je les aimais trop pour ça. Et puis je voulais à tout prix nous sortir, mes enfants et moi , de la misère matérielle dans laquelle on était. En étudiant, je faisais d'une pierre deux coups. J'évitais la folie ou le suicide et j'augmentais les chances de me préparer à occuper un emploi qui nous sortirait de la pauvreté.

Sauf que, pendant que j'étudiais, le milieu de travail a vécu une baisse économique importante. Le taux de chômage s'est retrouvé très élevé dans mon domaine d'études. Je ne pouvais reculer. J'avais déjà franchi la moitié de l'océan à la nage. Je ne pouvais pas rebrousser chemin sans couler à pic. J'ai donc continué. Advienne que pourra. De toute façon, je devais m'occuper l'esprit à tout prix.

Pendant mes études, j'ai entrepris quelques sessions intensives de rétablissement dans le cadre du Mode de vie des 12 étapes. J'ai fréquenté Al-Anon (groupes d'entraide pour parents et amis des personnes atteintes d'alcoolisme). Au début, je ne faisais que pleurer... Ça m'a pris des mois avant de faire suffisamment confiance pour commencer à m'ouvrir à quelqu'un...

Ces groupes sont affiliés aux Alcooliques anonymes (AA) et partagent un processus de rétablissement dit des 12 étapes. Mon oncle était alcoolique, et mon conjoint consommait.

J'ai réussi à poursuivre mes études et quelques années plus tard, je me suis trouvé un emploi. Depuis l'année de l'incendie, j'avais appris à demander de l'aide, à ne pas rester seule. Je me débats continuellement pour ne pas sombrer dans le désespoir. Mes enfants ont le droit d'avoir une mère.

Pendant de nombreuses années, diverses thérapies se succéderont. À plusieurs reprises je dois faire appel à différentes ressources :

- Groupes de Femmes, CALACS
- Cheminement Al-Anon,
- Fins de semaine de thérapies avec des groupes affiliés aux AA, NA et Al-Anon
- Fins de semaine de thérapies avec des communautés religieuses (Christothérapies)
- Autres thérapies ponctuelles et nombreuses : travailleuse sociale, psychologue, membres de communautés religieuses, prêtres ...

Tout cela me permet de vivre durant quelques années, à peu près correctement. Soutenue par ces thérapies et les merveilleuses personnes que j'y ai rencontrées, je réussis à travailler et avoir une vie presque fonctionnelle.

Jusqu'à ce qu'une autre série d'évènements me bouleversent et m'atteignent au point de faire une dépression majeure. En plus des évènements bouleversants, j'ai eu à intervenir comme aidante naturelle de façon assez intensive...Je suis épuisée, au bout du rouleau.

Arrêt de travail forcé ! J'ai 58 ans. Cette fois-ci, je me sens comme enterrée sous une énorme montagne. Je n'ai ni le désir, ni l'énergie de m'en sortir...Je n'en ai plus le goût. Bien sûr, il y a quelques rencontres avec des intervenants en psychologie, exigées par l'employeur, ainsi qu'une prise de médication.

Et puis, une image... je me vois littéralement sous une montagne qui me pèse lourdement, m'étouffe et m'enténèbre. Je m'imagine alors faire le mouvement d'étirer un bras et sortir d'abord quelques doigts et puis une main, à la lumière du jour...Je sens finalement un peu d'air frais m'effleurer le bout des doigts...Je ne sais pas encore comment, mais j'ai foi que je réussirai à m'extirper de sous cette montagne qui me tient prisonnière, m'écrase, m'étouffe.

Ce fut le début d'une autre série d'étapes de rétablissement, d'où sont remontées d'autres *souvenances* de traumatismes vécus, alors que j'étais jeune enfant. Et puis, ô surprise, jeune adulte...

J'avance, encore dans le noir, mais j'avance. J'ai senti un peu d'air frais, une brise sur le bout de mes doigts, alors que j'étais emmurée sous cette montagne. J'avance ... Un jour il y aura bien une lumière au bout du tunnel ...

J'entreprends alors sans trop y croire, une série de rencontres, des fins de semaine intensives de thérapies avec le Centre Le Pellerin. Ces thérapies sont basées sur l'Évangélisation des profondeurs (EDP), développée par Simone Pacot. Les rencontres ont lieu à Québec. Ce sont de grosses dépenses. Je devrai m'endetter mais je n'ai plus rien à perdre.

En même temps, sur les conseils d'une amie, j'entreprends des traitements chez un chiropraticien. Mon corps est aux prises avec de nombreux blocages.

Quelques bulles, *souvenances de vécus traumatiques*, remontent peu à peu à la surface.

Ces traitements et thérapies échelonnés sur une période d'environ six mois durant l'hiver 2011, me permettent de reprendre suffisamment de force intérieure pour retrouver un peu le goût de vivre. Mon cœur, mon corps et mon esprit veulent et peuvent aller plus loin dans le processus de rétablissement.

Au mois de juin de cette même année, je me rends à Québec, à l'Institut international de développement intégral (IIDI) fondé par Marie-Paul Ross, pour une semaine intensive. J'ai pu y traiter quelques traumatismes, vécus pendant l'enfance, dont certains étaient apparus vers l'âge de 35 ans, au début de mes études.

Et puis d'autres bulles de souvenirs qui étaient enfouies essaient de remonter à la surface. J'apprends qu'une série de cinq semaines de formation et d'apprentissage à l'auto-traitement se donnera en juillet-août.

Cela m'interpelle et je désire ardemment participer à ces cinq semaines intensives. Mais je sors à peine d'une profonde dépression. J'ai encore de la difficulté à me concentrer et à être vraiment fonctionnelle. Je m'interroge sur mes capacités à suivre cette formation. On m'encourage, en disant que j'y trouverai des réponses à ce qui m'empêche de fonctionner.

Quelle aventure ! Quelle traversée... ! Dans ma vie, il y a dorénavant un avant et un après ! Oui, j'y ai trouvé des réponses, de nombreux morceaux de casse-tête sont apparus et ont été remis à leurs places respectives, mais en prime les traumatismes qui y étaient associés ont été traités, les uns après les autres. Une équipe de professionnelles hors du commun m'a permis de traiter les douleurs inscrites dans mon corps et dans les oubliettes de ma mémoire.

Dure traversée ! Je crois que j'avais besoin de la rigueur, de l'affection et de tout le professionnalisme de cette équipe dirigée par Marie-Paul-Ross, fondatrice de la méthode MIGS (Modèle d'Intervention Globale en Sexologie). J'avais besoin de ces cinq semaines de traversée du désert, accompagnée de guides et thérapeutes hors pair.

J'ai réalisé, j'ai compris que le corps se souvient de tout ! D'ailleurs, nous avions droit aussi à des massages pour aider à retrouver un calme, une détente nécessaires au mieux-être. J' ai appris à faire des marches thérapeutiques et bien d'autres techniques pour m'aider à poursuivre mon rétablissement.

Pendant cette deuxième période intensive de rétablissement et pendant les années qui ont suivi, j'ai fait encore appel à plusieurs ressources :

- Groupes de Femmes, CALACS
- Chiropraticien, kinésithérapeute…
- Autres thérapies ponctuelles avec des membres de communautés religieuses, prêtres …
- Évangélisation des profondeurs (EDP) - Simone Pacot
- Traitement M.I.G.S. à l'IIDI - Marie-Paul Ross
- Art- thérapie

J'ai eu besoin de tout ça. Maintenant, je peux commencer à descendre au creux de mon être dans mon noyau affectif, comme le nomme Marie-Paul Ross. Sans trop de peur. Sans trop de mal. J'ai fait suffisamment de plongées douloureuses accompagnées et traitées par la suite, pour me sentir en confiance et m'aventurer seule, parfois. Enfin ! Grâce au MIGS, à l'équipe valeureuse de Marie-Paul Ross.

Je n'aurais pu m'aventurer seule dans de telles plongées abyssales, au risque de me perdre, de sombrer dans la folie pour de bon ou carrément d'en mourir. De ne jamais en ressortir. Je n'aurais pu m'y aventurer avec n'importe quel-le accompagnateur-trice. Le risque était trop grand.

L'instinct de survie m'a empêchée pendant longtemps de plonger dans les zones de terreur, d'horreur qui m'habitaient. Je m'en suis voulu pendant longtemps de rester empêtrée dans mes misères sans être capable de m'en sortir.

Encore une autre brique de culpabilité qui contribuait à écraser mes élans de vie. Même depuis que certaines zones d'ombres ont commencé à émerger, je me suis culpabilisée de ne pas les avoir laissé sortir au grand jour auparavant.

Non mais ! Comme disait l'autre : « la misère ça colle à peau, c'est comme la m'lasse ». La culpabilité ça doit être à peu près pareil.

Aujourd'hui, je me départis tranquillement de ce fardeau. Plutôt que de m'en vouloir, j'accueille presque avec révérence, en tout cas j'apprivoise des sentiments de reconnaissance par rapport à mon instinct de survie. En disant cela, je constate pourtant que je m'en veux encore d'avoir sombré dans l'amnésie. Les conséquences ont été tellement dévastatrices. **Comme si on choisissait consciemment nos mécanismes de défense.**

Aujourd'hui, j'ai besoin d'écrire, d'écrire, d'écrire. De sortir de ma tête, pour atteindre mon cœur profond. Suivre les traces de mes souvenirs. Suivre les traces des cicatrices laissées à la suite des traitements de traumatismes, nombreux. Pour atteindre le cœur profond. Ce que j'ai vécu, comment je m'en suis sortie. Ce qu'il en reste... Des symptômes encore présents peut-être ? Maintenant. Même après les nombreux traitements MIGS ...

Écrire pour me rappeler que je ne suis pas folle.

Les cauchemars, la détresse, les angoisses, l'obsession du suicide qui m'ont envahie pendant tant d'années comme une brume, une ombre qui enténèbre chaque rayon de soleil, avaient une raison d'être. Il y a quelque chose qui est arrivé... et ça a fait mal ! Tout cela a laissé des traces.

J'ai besoin d'écrire pour sortir, me débarrasser des mécanismes d'auto-sabotage, des mécanismes d'auto-contrôle, mécanismes de survie, que je me suis imposés.

J'ai besoin d'écrire pour me défaire des mécanismes de contrôle et de l'emprise, la trop grande emprise de la tête, du rationnel, pour laisser ainsi plus de place à la composante affective, qui s'ajuste tranquillement à un équilibre entre les deux. Cela me permet de plus en plus d'être en mesure de m'accueillir comme une personne de valeur. La tête et le cœur commencent à s'ajuster avec la compréhension de la réalité vécue.

Comme des bulles d'air...

Comme des bulles d'air remontent à la surface de l'eau, il est arrivé un temps où quelques images, des sensations et des émotions étranges, parfois des sons ont commencé à remonter à la surface d'un océan d'oubli.

Au début, cela pouvait être un peu comme des rêves et puis, ça s'est imposé de plus en plus. Et finalement quelques événements ont fait en sorte que j'ai dû me rendre à l'évidence; ce n'étaient ni des rêves, ni des cauchemars, ni des fabulations...

Plus tard, beaucoup plus tard, j'ai fini par récupérer tous les morceaux de casse-tête. J'ai commencé à comprendre... Ça a été le début d'une liberté retrouvée...

Souvenances

Enfance

Jeune adulte

Souvenances

Enfance

On frappe à la porte à grands coups ...

...

On frappe à la porte de la chambre à grands coups, comme si on voulait la défoncer. J'entends des cris répétés, presque des hurlements de douleur. Quelqu'un cherche à défoncer la porte et invective avec colère, ordonnant de l'ouvrir sur le champ. J'ai peur. Je ne comprends pas. Je me sens comme si je sortais d'un sommeil profond. Un grand brouillard m'enveloppe.

Pendant que les cris se superposent au martèlement répété sur la porte, je me vois soudain assise sur le bord du lit. Quelqu'un m'a dit de me relever, car j'étais couchée. Cette personne me donne une paparmane rose, en m'enjoignant de me taire !

Je n'ai jamais aimé les paparmanes roses sans comprendre pourquoi. C'est pourtant bon des paparmanes roses mais à chaque fois que je tentais l'expérience, j'avais comme un haut le cœur. Incompréhensible. J'ai aussi toujours eu une crainte bizarre et presque maladive des personnes âgées, des hommes âgés. Je m'en suis sentie d'ailleurs souvent coupable. Je m'imaginais être bien méchante pour ne pas être en mesure d'apprécier et d'aimer ces personnes pourtant d'apparence si aimable et vénérable ...

Au travers des coups martelés et des cris répétés, je perçois des paroles : « S'il fallait que Pauline sache ça... » Pauline, c'est ma mère. À ce moment elle est soit à l'hôpital ou décédée... Finalement, la porte s'ouvre. Puis, c'est le silence, l'amnésie qui s'installe. J'ai environ 36 ans lorsque ces évènements me reviennent en mémoire. Non sans douleur. J'ai crié et hurlé ... quand ces évènements sont sortis de l'ombre.

Aujourd'hui, je sais que c'est pépére Boisvert qui était là dans la chambre. Le père de mon oncle Léo chez qui je me faisais garder. J'ai appris par la suite, à travers les branches qu'il était porté à ... s'amuser avec les petites filles.

J'ai 4 ans ou 5 ans, pas plus …

…

J'entends une lourde porte se refermer derrière moi avec un bruit infernal. Une porte immense, lourde et qui ne permet aucun retour en arrière. Ça doit ressembler à ça quand une porte de prison se referme derrière un prisonnier. Il fait noir. J'ai peur. Je suis terrorisée. Je ne comprends pas la confusion et la douleur qui m'habitent. Je comprends d'autant moins qu'il y a un soleil éclatant qui inonde l'endroit où je me trouve soudainement.

Les portes de l'enfer viennent de se refermer derrière moi. J'y suis plongée. Pourtant, j'entends en moi comme une voix douce et bienveillante qui cherche à me réconforter, et m'assure qu'elle est là, présente. Elle sait. Je ne suis pas seule. Elle va m'aider. Elle m'assure qu'un jour, je sortirai de ces ténèbres.

…

De jeunes enfants que je connais bien. Plus jeunes que moi. Sont tout près dehors, à s'amuser. Je m'approche et commence à jouer avec eux. Et *puis… plus rien. C'est l'oubli.*

…

Ce n'est que plus tard, des années plus tard, que ce souvenir m'est revenu. Cela m'a pris un certain temps à comprendre que ce n'était ni un rêve, ni un cauchemar. Peu à peu au fil de plusieurs thérapies, je me suis souvenue.

…

Je sortais de la cave par la porte de côté; on me pousse dehors…

…

Au début, je devine un peu ce qui s'est passé, jusqu'à ce que toutes les images, les odeurs, les sons, me reviennent en mémoire. Je suis dans la cave avec le père des jeunes enfants qui jouent dehors. C'est le beau-frère de mon oncle et de ma tante. On habite au deuxième étage et lui au rez-de-chaussée. Il se passe quelque chose d'horrible. J'ai peur, je suis prise comme dans un piège. Soudain j'entends une voix forte… C'est sa femme qui l'appelle fermement du haut de l'escalier. Je ne la vois pas, mais je l'entends. Elle est en haut de l'escalier intérieur qui mène au sous-sol. Le ton monte. Elle est maintenant en colère parce qu'il ne répond pas à sa demande. Je suis finalement libérée. Il me bouscule, me menace... j'ai mal au cœur.... La porte qui donne sur la cour, s'est refermée derrière moi. Je suis emmurée dehors, enténébrée sous un soleil éclatant ! ... Et puis, l'oubli.

...

Je comprends enfin pourquoi je vivais d'étranges émotions entremêlées quand j'étais en présence et que je sentais l'odeur de bois frais coupé. La bonne odeur de bois frais coupé me bouleversait, me rendait mal à l'aise. Je ne comprenais pas pourquoi. Je me suis souvent demandé de quelle tare j'étais atteinte, pour vivre des émotions si mêlées et bizarres. Cet homme était menuisier. Il travaillait le bois dans son sous-sol.

Un poster dérangeant …

Dès le début de mon adolescence, une mort intérieure est déjà présente. Je ne me comprends pas. Je me souviens d'une image affichée à l'école qui me bouleverse. Chaque jour je dois passer devant un poster installé sur les murs du palier d'un escalier, que je dois emprunter pour arriver à ma classe. J'aurais aimé passer par un autre chemin. Ça m'était interdit. Le poster représentait un enfant malheureux, qui aurait été violenté. ? À l'époque on n'abordait pas encore le sujet des abus sexuels. En tout cas je ne m'en souviens pas. Le texte mentionnait que la violence envers les enfants ne devrait pas exister.

...

Un numéro de téléphone était inscrit sur l'affiche. J'étais un peu ambivalente et confuse. J'aurais souhaité pouvoir aider cet enfant. Je m'en sentais incapable. En même temps j'avais le goût de crier, d'appeler à l'aide et de téléphoner pour moi... mais pour dire quoi ? J'avais honte sans savoir pourquoi !

Je ne comprenais pas pourquoi ce poster me rendait si mal à l'aise, me bouleversait même. Je croyais ne pas avoir le droit de me reconnaître dans cet enfant-là. Alors je reniais ce que je percevais, le malaise que je ressentais ; le mal-être. «Parce que ça ne se peut tout simplement pas !». Après tout j'étais aimée, je vivais dans une très bonne famille, j'étais gâtée même, à bien des égards. Avais-je donc besoin de m'inventer des histoires pour me rendre intéressante ? J'avais alors honte de ce que je ressentais. Je ne comprenais pas pourquoi. Mais ce poster me hantait. Il m'a marquée. Puis je l'ai oublié.

Des années plus tard, il m'est arrivé d'en rêver. D'en rêver régulièrement, d'en faire des cauchemars. De rêver d'escaliers que je cherche à contourner, dans une école. Je cherche désespérément à éviter de passer devant cette affiche...mais c'était impossible...

J'ai 15 ans …

… j'en avais 13 …

J'ai 15 ans et je veux mourir. Je suis déjà morte par en dedans, mais je ne le sais pas encore vraiment. Il y a longtemps que je veux mourir pour de vrai. Ne plus exister. Ne plus être là. Surtout ne plus vivre cet enfer intérieur qui me ronge et que je cherche à camoufler, à dissimuler au regard des autres.

C'est l'hiver. Il fait noir. Il fait froid. Je suis seule, désespérément seule. À la sortie de l'école, je déambule pendant des heures dans les rues du quartier. Je n'arrive pas à me résigner à revenir dans ce logis que je perçois à cet instant comme un tombeau. Un lieu de mort. Pourtant mes parents adoptifs m'y attendent avec un repas chaud. Suis-je donc si ingrate de ne pas reconnaître et apprécier tous leurs bons soins ? Finalement de guerre lasse. Ne sachant où aller. J'y retourne. J'entre dans cette maison comme un soldat enrôlé de force. Sitôt arrivée, je me fais engueuler royalement par mon oncle et reçois les poignards qui sortent de ses yeux comme autant de coups de couteaux en plein cœur. Le soldat est mort avant d'avoir pu prononcer un mot.

Puis le chantage émotif faisant son œuvre, je suis demeurée sur place dans cet univers obscur qui me détruit... jusqu'à l'âge de dix-huit ans.

Ce n'est que plus tard, beaucoup plus tard, vingt-cinq ans plus tard environ, que j'ai commencé à comprendre … Mon oncle, figure parentale, a abusé de moi quand j'avais 12-13 ans. Ma tante était hospitalisée à ce moment-là pour une dépression et j'étais seule à la maison avec lui.

…

Je me souviens avoir été droguée. Probablement par un des somnifères qui étaient prescrits à ma tante. Un ange veillait sans doute sur moi ; je me suis à moitié réveillée au moment même où il tentait l'irrémédiable. Je lui ai demandé à ce moment, si c'était comme ça qu'il faisait avec sa femme. Il s'est arrêté et m'a conduite, jusque dans ma chambre. J'avais de la difficulté à marcher…

J'ai passé des années à le haïr sans savoir pourquoi. À me détester, me haïr aussi d'avoir des sentiments aussi ingrats envers une personne qui, en apparence avait-pris soin de moi. Que j'étais donc ingrate et méchante....

Oui, il avait pris soin de moi : nourriture, logement, affection... Un peu trop. Plus tard je me suis souvenue aussi des attouchements pendant ma petite enfance... et j'ai finalement fait quelques liens avec le pouvoir qu'il exerçait sur moi et son contrôle abusif teinté de jalousie qui m'horripilait.

...

Comment pouvais-je par la suite accepter de recevoir ses conseils ? Celui qui m'en a donné le plus est celui-là même qui a brisé ma vie, ma confiance en moi et dans les autres ; ma dignité, ma virginité, mon innocence, mon enfance et mon adolescence. Il a brisé le lien que j'aurais pu avoir avec ma petite voix intérieure.

La tentative de viol qu'il a tenté de commettre, en me donnant un somnifère à l'aube de mon adolescence, à l'aube de l'éclosion d'un début de maturité affective, érotique et spirituelle m'a complètement désorganisée.

Je comprends maintenant pourquoi je ressentais un profond malaise à oser même penser à regarder les p'tits gars ... Je devais lui appartenir à lui.

Je le vivais sans savoir et surtout sans comprendre. Cela même si dans un sursaut de lucidité, à travers la brume du somnifère, je l'avais interpellé pour arrêter son geste. Et même si je n'avais plus aucune souvenance, consciente de l'évènement après coup.

Ces amnésies : mon oncle, le beau-frère voisin, et le vieux pépére Boisvert, ont duré pendant plus de trente ans. Par contre mon corps et ma psyché, eux s'en souvenaient, en étaient imprégnés. La blessure profonde était inscrite dans tout mon être et elle a fait des ravages pendant tout ce temps. Comme une tumeur ... dont on ignore l'existence.

Souvenances

Jeune adulte

Pendant une thérapie une image s'impose de plus en plus, comme une bulle qui remonte à la surface de l'eau…

Un évènement prend place...

C'était un jour de printemps …

Je n'ai pas encore vingt ans. Je sors à l'extérieur d'une maison. Je réalise plus tard que c'est un chalet. C'est le printemps. Il fait soleil dehors, mais il fait noir dans ma tête, dans mon cœur. Je me sens confuse et perturbée. Je vois quelques petits bancs de neige ici et là... et puis quelques personnes près de moi. Des hommes, de jeune hommes. Je les connais, mais en même temps, ils me semblent comme étrangers. Et puis je m'entends leur dire : «Je vais m'en souvenir ! » et eux de répliquer que c'est impossible. Et de rire. Un rire qui me fait mal...

Au tout début quand cette image, comme une séquence de film, refait surface, je ne sais pas pourquoi je dis cela… Je ne comprends pas. Je me trouve bien bizarre. Est-ce que j'invente ? C'est comme dans un rêve incongru et perturbant.

Jusqu'à ce que je me souvienne !

Lorsque je m'en souviens, j'ai cinquante-neuf ans. Je suis en processus de rétablissement. En thérapie. Tout un long processus et une équipe de personnes compétentes m'ont permis de découvrir, d'accueillir et de traiter ces évènements douloureux.

Aujourd'hui, je sais !

…

On est dans un chalet situé dans les Laurentides. Il appartient aux parents de l'un de nos amis. Le prétexte pour s'y rendre, c'est d'aller faire de l'équitation. J'aimais tellement faire de l'équitation ! Je me souviens en avoir fait pendant cette fin de semaine-là. Et puis ! Black out. Plus rien, pendant des décennies.

Plus rien sauf... maintenant... ces quelques bribes de souvenirs remontées à la surface d'un océan d'oubli...

Je ne me rappelle pas de tout. Mais suffisamment pour dire que je sais ! Ils étaient trois, peut-être quatre, dont mon copain de l'époque. Celui du cégep, Serge B. avec ses amis, que je connaissais bien.

Ils m'ont droguée. Drogue du viol ? Je ne peux le dire avec exactitude. Pendant les thérapies, je me suis remémoré les avoir entendu parler pendant la journée d'un remède de cheval, de spanish fly. Je me suis rappelé aussi de certains épisodes. Je suis dans un lit. C'est comme si j'étais profondément endormie. Je me réveille en sursaut. Un homme tente de me violer... d'autres sont là. Je me débats...J'entends des cris. Je réussis à fuir en courant et me réfugie sur un divan dans un salon, tout près. J'entends encore des cris. Et puis plus rien...black-out!.

« Je vais m'en souvenir ! ». C'est ce que je leur avais dit en sortant de cet endroit, de ce lieu maudit. Cela a pris quarante ans. Quarante ans de vie brisée, perturbée par cet évènement.

Je ne saurais dire tous les noms de ceux qui étaient présents. Qui ont participé à cet acte de barbarie. Mais je sais que mon chum y était, et deux autres de ses amis dont un en particulier, très grand. Et puis je me suis souvenu lui avoir tenu tête pendant une fin de semaine de camping, l'été précédent. Alors qu'il se comportait de façon odieuse et méchante avec sa blonde. Je la défendais. Il me l'a fait payer !

Je n'ai plus voulu faire d'équitation pendant des années .... Je ne comprenais pas pourquoi ! J'ai commencé à vivre de l'agoraphobie. Je me souviens entre autres d'un spectacle auquel je me sentais incapable d'assister, en compagnie de ma sœur et de l'une de nos cousines. Un opéra-rock, *Tommy,* qui faisait fureur à ce moment-là. Combien de fois me suis-je rongé les sens, en me traitant de tous les noms. Pourquoi avais-je refusé de les accompagner ? Je me sentais imbécile, honteuse et coupable de *je ne sais quoi.*

J'avais de la difficulté à me concentrer, et à fonctionner. J'étais perturbée... J'ai finalement quitté mes études. De plus en plus mal à l'aise avec lui, j'ai laissé ce chum. Comme je ne me souvenais de rien, je me suis sentie longtemps coupable de l'avoir laissé. Je ne comprenais pas pourquoi.

Encore des bulles qui remontent en surface… pendant une thérapie…

Camionnette…

Quelques années plus tard, suite aux trahisons et aux infidélités de mon copain, je viens de quitter le groupe d'amis avec qui j'étais partie en voyage.

Je continue le voyage seule, à l'aventure… sur le pouce…

…

En cours de route, je rencontre quelques ami-es, des connaissances. On était en camionnette et on se rendait chez l'une d'entre elles. À peine arrivés sur les lieux, l'un d'entre eux disait aux autres de se dépêcher à sortir et il m'a retenue. Violence verbale et physique; j'ai eu beau me débattre et crier, je n'ai pas réussi à l'en empêcher. Les autres étaient déjà tous entrés dans la maison.

Après, je ne me souviens plus trop. J'étais confuse. Je me sentais coupable, sale et ne comprenais pas ce qui m'arrivait. Un brouillard venait de m'envahir et je ne pouvais même pas dire ce qui venait de se passer. J'en étais incapable. Est-ce qu'il m'a menacée ou si c'est un mécanisme de défense qui s'est enclenché automatiquement ? Encore aujourd'hui, je ne peux comprendre.

Pendant des années, tout ce que je pouvais me remémorer par rapport à cet évènement, c'est la honte ressentie et le malaise d'avoir osé demander à prendre un bain dans une maison. Chez une personne que je connaissais à peine. Je me sentais terriblement mal par rapport à ça. Mal élevée ! Ayant complètement évacué de ma mémoire consciente, l'agression que je venais de subir. Cette image d'un bain impromptu, associée aux sentiments négatifs, m'a longtemps poursuivie sans que j'en comprenne la raison, ni la signification. Cela me dévastait d'autant plus, que je ressentais très intensément les émotions vécues à ce moment-là. Je me pensais folle. Ça contribuait à nourrir mes sentiments de culpabilité et d'autodestruction. Je ne comprenais pas et me dévalorisais…. Pourquoi n'étais-je pas allée avec les autres au salon ? Pourquoi m'étais-je isolée de la sorte. Pourquoi avoir demandé à prendre un bain ? Que j'étais donc sotte, imbécile !

Encore en thérapie, voici qu'une autre bulle de souvenirs traumatisants remonte en surface !

Le bâtiment de pêche ...

Je suis toujours seule, peu après avoir quitté le groupe d'amis avec qui j'étais partie en voyage.

J'ai peur, je suis terrorisée ! Je suis seule dans un endroit clos. Un endroit assez vaste mais fermé... Je ne sais où se trouve la porte, y en a-t-il une ? Je cherche des yeux, mais je n'ai pas le temps de m'y attarder. Un homme est là et m'invective. Heureusement je suis assez éloignée de lui, mais je cours et cherche à m'en éloigner davantage. Il dit que de toute façon il va me tuer et que personne n'en saura rien Que ça ne paraîtra même pas. Il me fera disparaître par une trappe au plancher, qui donne sur la mer. Je constate qu'il y a effectivement une trappe non loin d'où je suis, et qui donne probablement sur la mer. On est dans une sorte de bâtiment de pêcheur, pêche en haute mer.

J'attrape un outil accroché au mur près de moi, un grappin quelconque. J'étais prête à me défendre... J'étais terrorisée ! On criait de part et d'autre. Soudain une porte s'ouvre avec fracas. Un autre homme apparaît. Tout en demandant ce qui se passe, il me demande de laisser tomber l'objet que je tiens dans les mains. Je lui crie qu'il n'en est pas question ! Ils sont deux maintenant ! J'ai encore plus peur. Il me dit que c'est dangereux. Alors je crie encore. Il n'en est pas question. Mais je perçois qu'il n'est peut-être pas méchant, quand il dit que cet objet peut être dangereux. Je prends un risque. Je lui crie que c'est parce qu'il (l'autre) a dit qu'il allait me tuer !

C'est alors qu'il se fâche vraiment. Il me dit : «Aie pas peur ! Je vais m'en occuper, moi ! On va voir c'est qui, qui est le boss !... icitte ! » Il s'éloigne alors de la porte. S'avance vers l'autre homme... Il me dit de sortir. Qu'il va s'en occuper. Je lui réponds que je ne veux pas le laisser seul avec l'autre. Qu'il est méchant... Il me répète de sortir. Il est capable de s'en occuper !

Il y a de plus en plus d'espace entre lui et la porte, je peux m'échapper derrière lui. Je sors en courant... Je l'entends invectiver l'autre homme, qui ne semble plus dire un mot.

Et puis, oubli total ! Jusqu'à ce que, presque quarante ans plus tard, je me souvienne... De cela, aussi ! Au printemps et à l'été 2011 pendant les Thérapies MIGS avec Marie-Paul Ross. J'ai pu traiter la peur de mourir assassinée.

Cet homme, le premier, m'avait invitée à visiter un bâtiment de pêche, pêche en haute mer. Bâtiment pittoresque pour la touriste que j'étais. Que j'étais naïve !

Le poster questionnant …

Un *poster* réalisé et publié par le ministère de la santé du Québec, dans le cadre de la dénonciation et de la prévention des agressions sexuelles avec la *Drogue du viol* est apparu dans l'espace public. Il y a environ une vingtaine d'années.

On y voit le dessin d'une jeune femme. Un serpent semble vouloir s'enrouler autour de son cou. Les mots inscrits sur le *poster,* invitent à demeurer vigilante. À demander de l'aide au besoin, à ne pas rester seule.

L'image et les mots inscrits sur ce *poster* parlent fort. En tout cas, ils m'ont toujours interpellée. À chaque fois que je le voyais, j'avais un haut le cœur. Je me sentais bouleversée.

Je me désolais pour les femmes à qui de telles choses auraient pu arriver. «Comme ça doit être dur à vivre ! Ça doit pas être facile de s'en remettre…! »

J'avais de la compassion pour les victimes de tels actes. Je pensais que c'était une bonne chose que le ministère de la santé s'en mêle un peu et dénonce cette situation.

Je ne pouvais imaginer que cela ait pu m'arriver… Je n'en avais plus la moindre idée…

Aujourd'hui, je peux comprendre comment il se fait que ce *poster* me dérangeait autant.

« Très difficile à calmer, la mémoire traumatique peut, particulièrement quand elle est parcellaire ou sensorielle, ne pas être identifiée ni reliée au traumatisme ce qui la rend d'autant plus déstabilisante et déstructurante...Elle s'apparente à une bombe prête à se déclencher à tout moment, transformant la vie en un terrain miné, nécessitant une hypervigilance et une mise en place de stratégies d'évitements et de contrôles épuisants et handicapants.... »

Dr. Muriel Salmona

Conséquences…

Et dommages collatéraux … ?

Amnésie ...

L'amnésie s'est imposée tout au long de ma vie après les agressions.

Pendant des décennies, j'ai oublié complètement, totalement, les drames qui m'ont été imposés. J'ai vécu toutes ces années, pendant trente-cinq à cinquante ans, selon les évènements, comme si rien de négatif ne s'était produit. J'étais dans le déni total de ces traumatismes. Mais je n'en portais pas moins les stigmates. Les effets, les conséquences ont marqué tout mon être, toute ma vie. Jusqu'à craindre la folie. J'ai vécu avec l'obsession du suicide pendant des années.

D'autres évènements de mon histoire, joyeux ceux-là, ont aussi été frappés de pertes de mémoire.

Ces trous de mémoire concernent pourtant des moments heureux. Mais ils me font mal. Encore aujourd'hui...

Souvent j'entends mes frères et sœurs ou des ami-e-s, raconter des situations où j'étais présente. Parfois ce ne sont que quelques parcelles qui me font défaut. Plus souvent qu'autrement, je ne peux ni me souvenir de l'évènement, ni le replacer dans le temps. Ce qui me fait le plus mal, c'est quand je réalise que je ne me rappelle pas de moments précieux, vécus avec mes enfants.

- Combien de fois je me suis butée à d'incompréhensibles oublis à propos d'évènements pourtant heureux ?
- Combien de fois, je me suis dénigrée devant ces trous de mémoire, me sentant coupable, niaiseuse, imbécile, de ne pas me souvenir.
- La confusion et l'auto-dénigrement m'assaillent face à ces pertes de mémoire.

Ça me fait mal de ne pas me souvenir des moments heureux partagés avec ceux que j'aime. Le cœur me pince. J'en suis profondément attristée. Je me sens impuissante. La plupart du temps, je n'ose pas trop poser de questions tellement je me sens honteuse de ne pas me rappeler.

Alors que dans d'autres situations moins heureuses, c'est différent. La douleur n'est pas la même. Concernant les *évènements douloureux*, il m'a fallu une bonne dose de courage et d'énergie pour en arriver à replacer en ordre les faits.

Ça ne s'est pas fait tout seul. J'ai eu besoin d'une *armée* de gens bien intentionnés, dévoués à l'entraide. Je ne compte plus les thérapies effectuées au fil des ans.

Par contre, maintenant, lorsque le voile se lève sur certains incidents précis, la clarté du souvenir est impeccable. Les couleurs. Les sons. Les gestes. Ce que je ressens. Les émotions sont claires et nettes. Comme si j'y étais présente.

Au fil des ans et des thérapies, j'ai pu ainsi reconstituer de nombreux pans de mon histoire. Ces fantômes qui m'habitaient n'étaient pas irréels. Je ne suis pas folle.

Au tout début, quand j'ai commencé à toucher à la réalité de certains épisodes de ma vie, de mon enfance, ça a été l'horreur. Je ne criais pas. Je hurlais de douleur. Je me cachais pour téléphoner. Pour ne pas que mes enfants entendent. Je téléphonais quand ils n'étaient pas là.

Je ne pouvais même pas rencontrer la personne qui m'accueillait dans cette immense détresse. Au début, j'étais incapable d'un face à face. La douleur qui m'habitait m'était encore incompréhensible. Je pensais que je fabulais. J'ai d'abord hurlé ma douleur au téléphone à plusieurs reprises avant de me sentir suffisamment en confiance, pour rencontrer celle qui m'a accueillie la première. Dans ce long et douloureux cheminement vers la liberté, la vérité de mon histoire, mon rétablissement.

L'amnésie, **mécanisme de survie,** m'a-t-elle vraiment été utile ? Parfois je m'interroge à savoir si les dégâts causés à tout mon être, à ma vie, à mon entourage n'ont pas été plus importants à cause de cette amnésie. Assez rapidement j'ai tendance à répondre ***oui*** à cette question.

Bien que ça m'ait permis de survivre. Ça a été tellement néfaste pour moi et mon entourage. Comme une cicatrice cachant une blessure infectée qui empoisonne le corps. Sans qu'on s'en rende compte…

Et voilà que je repars dans une piste trop bien connue. Je me culpabilise d'avoir été amnésique…ouf ! Cent fois sur le métier recommençons notre ouvrage ! C'en est parfois désespérant d'avoir à reprendre un travail qu'on croyait avoir terminé. C'est long et ardu d'oser le chemin de la liberté intérieure, de la sérénité, de la vie, de la joie, de la liberté d'être, du droit d'exister….

On ne guérit pas vraiment de ces blessures-là, surtout quand elles sont multiples. On apprend à vivre avec elles.

Rien ne pouvait être traité quand j'étais dans l'amnésie totale.

Même au niveau strictement physique, un médecin compétent ne peut traiter un malade s'il lui est impossible d'établir un diagnostic. Il lui faut d'abord circonscrire et déterminer la cause, l'origine des malaises, des symptômes pour être en mesure d'appliquer le traitement adéquat.

Eh bien, en ce temps-là, un cancer inexpliqué me rongeait les entrailles, le coeur et la tête. Sans que je sache pourquoi ni comment. De surcroit, je me détruisais encore davantage en me surchargeant d'une culpabilité démesurée qui ne m'appartenait pas.

Il est primordial de pouvoir identifier au moins les symptômes... de les accueillir... D'être accueillie... Ensuite on peut commencer à traiter. On peut alors apprivoiser ces douleurs qui étaient jusqu'alors incompréhensibles. On peut apprendre à vivre avec une réalité. La nôtre. Cette réalité qui jusque-là nous échappait. Sur laquelle on ne pouvait avoir de prise.

Selon Marie-Paul Ross, parmi les valeurs *innées*, il y a la *vérité* qui correspond *à la réalité.*

La réalité …

Une partie de la réalité de ma vie a été amnésiée. Une partie de ma vie m'a été volée. Exclue de ma conscience.

Je comprends enfin… maintenant… pourquoi je vivais continuellement avec ces détresses profondes. Ces angoisses inavouées mais incessantes.

J'étais tellement habituée à vivre dans cet état que je ne le réalisais même plus…

Je comprends maintenant… enfin… pourquoi j'avais toujours ce sentiment, cette impression désagréable et éprouvante. Ce sentiment d'être constamment bloquée, aliénée. Impression d'être une coquille vide qui cherche désespérément son contenu… Et cet horrible et persistant sentiment de culpabilité qui nourrissait l'auto-destruction et l'auto-dénigrement. Parce que, en plus, je me sentais responsable et coupable de ne pas laisser émerger *la personne que je suis.*

C'est comme si j'avais été torturée et que je me rendais responsable des tortures infligées par un bourreau anonyme, invisible. Quel non-sens. Quelle aberration. Pourtant c'est ce que les agressions, les traumatismes subis, m'ont amenée à ressentir… pendant près d'un demi- siècle.

J'avais constamment l'impression de passer à côté de ma vie. Je me sentais responsable. Coupable.

Le fardeau de cette culpabilité, de cette responsabilité contribuait à m'écraser davantage…

Concrètement ça se manifestait de différentes façons.

Oppression dans la poitrine. Détresse psychologique. Difficultés relationnelles. Respiration bloquée. Horizons bloqués. Auto-destruction.

Ces symptômes étaient toujours présents, latents. Tapis dans l'ombre. Ils produisaient leurs effets néfastes comme des vapeurs de fumée, après un incendie. Ils ressortaient à tout instant. Intenses. Dévastateurs. Submergeant tout mon être, surtout en période de grand stress, de grandes fatigues ou d'évènements bouleversants.

Une image m'apparaît. Elle m'aide à saisir, à visualiser, à comprendre ce que j'ai perçu, ressenti. Ce avec quoi j'ai vécu pendant toutes ces années.

C'est comme si quelqu'un m'avait coupé les deux jambes, de façon violente. Le choc de cet évènement aurait provoqué non seulement de l'amnésie, oubli de l'évènement lui-même, mais aussi une brisure intérieure. De ce fait, je ne réalisais pas avoir été amputée des deux jambes. La réalité. Cette réalité n'existait pas pour moi : amnésie et brisure psychique. Je me culpabilisais de ne pas être capable de marcher. Je voyais les autres marcher, courir. Accomplir plein d'actions qui m'inspiraient. Actions qui m'attiraient et que mon cœur, mon *être* aspirait à réaliser, à vivre.

Je me sentais responsable. Coupable de ne pouvoir me tenir debout. De ne pouvoir marcher, courir. Comme tous les autres qui ont tous leurs membres, leurs deux jambes… Je ne comprenais pas…

Je tentais parfois de bouger, d'atteindre ces objectifs de réalisation de soi. D'accomplir des projets qui m'interpellaient. Un élan vital s'éveillait et me permettait d'avancer un peu. Marcher. Courir…

Mes bras pouvaient m'aider à l'occasion. Mais à chaque fois je devais abandonner en cours de route. Épuisée. Exténuée. Souvent presque anéantie. Je me retrouvais alors submergée comme par un tsunami, par tous ces éléments négatifs auto-destructeurs dont j'ai déjà parlé.

Aujourd'hui, je sais enfin que je ne suis pas coupable, ni responsable !!!

Pour continuer avec la même image que tantôt, je ne suis ni coupable, ni responsable du fait d'avoir été amputée de mes deux jambes. Je ne suis ni coupable, ni responsable des conséquences du choc des agressions subies. Soit l'amnésie, la perte de contact avec une partie de la réalité, une partie de mon vécu.

Les masques ...

Je me suis souvent perçue comme une ***imposteure***. J'ai ressenti ce sentiment pendant longtemps sans en être vraiment consciente. Aujourd'hui j'en ai conscience. Un autre impact, dégât colatéral des traumatismes vécus et oubliés.

Aujourd'hui je peux l'accueillir. Heureuse découverte, même si elle est douloureusement affolante.

Il me fallait avoir un masque impénétrable, autant pour moi que pour les autres. Une armure à toute épreuve pour que rien ne paraisse. Pour survivre d'abord !

Pour continuer à être en mouvement malgré tout. Vivante en apparence ! Puisque rien ne m'était arrivé de néfaste : *amnésie totale*. Il le fallait pour ne pas devenir complètement folle. Pour ne pas m'auto-détruire à tout jamais, il me fallait faire semblant.

Même si l'auto-destruction et la mort latente étaient bien implantées et présentes, je devais jouer un rôle. Jouer un personnage qui devait avoir l'air vivant. C'était ça de gagné. En fait je faisais semblant de l'être, tout en étant morte par en dedans. Je me jouais la comédie. Autant à moi qu'à mes proches. Pour ne pas mourir complètement. Pour essayer d'entretenir un germe de vie qui cherchait à sortir des ténèbres. À goûter à la lumière.

Et pourtant, même si des masques étaient en place, mes comportements pouvaient parfois laisser transparaître les morts latentes qui m'habitaient.

J'ai en tête quelques exemples en apparence anodins qui, je le sais maintenant, témoignaient d'attitudes qui vont à l'encontre de ce que je suis. Ce ne sont que les ***pointes des icebergs*** contre lesquelles se heurtait quotidiennement le navire de ma vie, le navire de mon *je suis*.

- Relations courtoises mais sans beaucoup d'engagement. «J'ai pas confiance !» ...blocages ! «...Tu n'iras pas plus loin dans ma bulle ! »... « Et puis de toute façon mes oubliettes ne sont pas intéressantes. Je ne sais pas quoi dire »;

- Désirs avortés d'entreprendre des projets. Peu importe lesquels : sociaux- communautaire - piano - étude des plantes - chant – dessin - étude des étoiles - jardinage, etc... ;

- Curiosité, soif de connaissances étouffées. Alors que j'étais si passionnée autrefois lorsque j'étais pré-adolescente. J'aurais pu te raconter l'histoire du système solaire, des étoiles, des galaxies. L'histoire, la géographie, la géologie, tout m'intéressait;

- Ne pas arroser mes plantes. Ne pas en prendre soin : transplantation-soleil-ombrage etc.... « Si elles veulent vivre ok ! sinon qu'elles s'arrangent. » Je ne m'en fous pas vraiment, ça me fait de la peine, mais je me sens impuissante;

- Ne pas prendre soin de moi ... La liste serait trop longue !...;

- Mutilation : à 19 ans je fais arracher toutes mes dents du haut, alors que les dents étaient saines... ;

- Obsession du suicide...!

Désirs bloqués par tous les *à quoi bon, je m'en fous, je suis incapable. Je n'y arriverai pas, je suis une bonne à rien. Je ne mérite pas de me faire ce plaisir - là. Et puis de toute façon je ne mérite pas de vivre.* Auto-jugement, auto-dénigrement insidieux que je n'entendais même plus. Dont je n'avais pas conscience ou à peine.

Dès que j'entrevoyais la ***pointe de l'un de ces icebergs***, je concentrais toutes mes énergies à l'enfoncer dans l'eau. Pour être sûre de ne pas le voir. J'en ressortais à chaque fois épuisée. Soit que je me fracassais quand même sur l'iceberg. Soit que je réussissais à passer à côté. Ou par-dessus.

Invariablement, il remontait aussitôt à mes côtés. M'écorchait d'une façon ou d'une autre au passage.

En dehors de ces périodes où j'étais comme anéantie, je taisais ma souffrance. Parce que j'en avais honte.

Et puis je voulais protéger les miens des horreurs que je portais en moi, bien malgré moi. Je me taisais parce que ma vie n'aurait été qu'une longue plainte stérile. De toute façon je ne comprenais pas ce que je vivais. J'étais dans des états post-traumatiques intenses doublés d'amnésie. Qu'aurais-je pu dire ?

Probablement que je préférais surmonter cela seule. Ma résilience était à ce prix. En tout cas c'est ce que la vie m'avait appris dès l'âge de trois ans. À mon arrivée en terre d'exil chez mon oncle et ma tante. À la suite de ce qui s'était produit à mon arrivée. J'avais compris que seule, loin des miens, ma survie ne dépendrait que de moi.

Utiliser l'humour et le paraître, comme c'est le cas pour beaucoup de gens. Faire semblant pour donner le change. Ne pas montrer ma vulnérabilité. Faire semblant d'être heureuse et me taire était le prix à payer pour ne pas m'effondrer dans cet univers hostile dans lequel j'ai été plongée.

Et puis de toute façon. Même si j'avais parlé. Si j'avais pu dire. Auriez-vous pu comprendre ? Si par hasard, vous n'aviez pas eu la force d'entendre, ni la capacité d'accueillir, je m'en serais retrouvée encore plus démolie. Il n'est pas facile d'entendre la souffrance de nos proches. Ça fait trop mal. Voilà pourquoi il est parfois préférable de chercher de l'aide auprès de personnes neutres.

Après avoir extirpé les tumeurs douloureuses, lorsque la convalescence est enclenchée. Peut-être est-il possible de leur en parler ? Encore là, avec précaution. Ce n'est pas certain qu'elles seront en mesure de l'entendre. Et puis est-ce si important ? Elles n'ont pas à tout savoir. Ce qui importe c'est d'être capable de nommer, pour soi d'abord.

Une phrase de mon père me revient, lui qui parlait si peu. « ...à un ami t'as pas besoin de tout expliquer, il comprend déjà. Aux autres, essaye même pas. T'aurais beau tout essayer ils comprendraient pas... » Je me suis toujours demandé pourquoi il m'avait dit cela à brûle pourpoint. Cette phrase me revient parfois et m'aide à ne pas trop m'en faire.

Même aujourd'hui après toutes ces années, des dizaines d'années de démarches, de thérapies douloureuses, intenses, mais toujours suivies d'une part de résurrection, il m'est difficile de raconter. Il est peut-être pénible d'entendre.

Ce personnage que j'avais mis en place pour survivre était tout de même relié à des racines profondes. ***À une source vitale, des élans de vie.*** À une résilience qui a permis des poussées en avant. Ces ***élans de vie*** ont réussi à maintes reprises à alimenter la chose inerte que j'étais parfois devenue, la poupée de chiffon, la marionnette sans vie, pantelante.

La résilience, le fil d'Ariane, contournait les ombres, l'opacité, la non-vie du personnage, du masque de survie.

La Vie a repris ses droits...Plus forte que la mort.

Le fil d'Ariane : Ligne directrice

Dans la mythologie grecque, Minos, roi de Crète, devait faire une offrande de 7 jeunes garçons et de 7 jeunes filles au Minotaure enfermé dans le labyrinthe, et ce, tous les 9 ans. Ariane, la fille du roi, confia à Thésée dont elle était amoureuse, une pelote de fil qu'il devrait dérouler pour pouvoir trouver le chemin du retour. Grâce à ce fil, Thésée put tuer le monstre et retrouver son chemin. Aujourd'hui, un "fil d'Ariane" est une ligne directrice, une conduite à tenir pour atteindre un objectif.

La respiration bloquée ...

J'ai senti souvent que ma respiration était bloquée. Ce n'est pas une image quand je dis que ma respiration était bloquée. Blocages de respiration, douleurs à la poitrine. Comme une oppression, une pression intense, suivie d'anxiété. Ça me réveillait parfois en sursaut, la nuit, accompagné d'un profond malaise, une grande inquiétude, de l'angoisse.

Autrefois je n'étais pas consciente de toutes ces manifestations. J'étais mal dans ma peau, c'est tout. Je poussais tout ça sous le tapis. J'essayais de trouver l'attitude, le masque de la journée qui m'aideraient non seulement à ne plus y penser, mais aussi à réussir à être malgré tout fonctionnelle. Ne plus y penser. Taire, oublier même la douleur ! Pour ne pas en mourir, pour réussir à être un tant soit peu fonctionnelle, pour ne pas déranger les autres autour de moi.

Au fur et à mesure des thérapies, je recommençais à pouvoir respirer un peu plus librement. Chaque étape de rétablissement me permettait par la suite de respirer un peu mieux.

Aujourd'hui, je suis de plus en plus aux aguets, vigilante à accueillir ce qui se passe en moi, ce que je vis au moment précis où ça se passe. Je n'y arrive pas toujours, mais de plus en plus.

Maintenant, quand des émotions négatives apparaissent, je peux les traiter. Je sais les reconnaître, les nommer, je n'en ai plus peur. Je les traite avec les outils acquis au fil des nombreuses thérapies. Ça dure moins longtemps. Ça devient moins intense. La paix, la sérénité prennent plus de place. Au besoin, je vais chercher encore de l'aide. J'en ressors toujours plus libre et sereine.

Dernièrement j'ai suivi une formation sur la «respiration thérapeutique». J'y ai appris enfin à dégager non seulement mon diaphragme, mais aussi les côtes pour laisser circuler la respiration. Je suis plus en mesure de percevoir les bienfaits ou les douleurs associées à ma façon de respirer.

Les muscles aussi étaient bloqués. Quelques fortes tensions y étaient logées... au tout début de mon processus de rétablissement, de simples effleurements des muscles du dos suscitaient des débâcles d'émotions, intenses. Des torrents de larmes inexplicables mais ô combien libératrices s'échappaient malgré moi de tout mon être. Mon corps parlait !

Par la suite les traitements en kynésithérapie, dénouaient les tensions logées dans les muscles. On aurait dit que ça défaisait les noeuds dans des nerfs ...tellement c'était douloureux. Mais libérateur... Après, je respirais mieux, et j'avais moins mal.

La mort intérieure …

Cette mort intérieure ! Je la connais si bien. Elle m'a habitée tellement longtemps. Souvent. Intensément. Je sais que le corps ne suit pas ce désir profond de mourir. Je le sais pour l'avoir expérimenté plus d'une fois. J'ai même crié. Imploré Dieu de me l'accorder. Même si je ne croyais pas vraiment à son existence, à cette époque. Puisque de toute façon j'étais morte par en dedans.

Non ! Mes cris répétés, mes prières hurlées *à qui de droit* et même mes tentatives de suicide, mes pensées, mes imageries mentales … Rien n'y fit.

Au contraire. Des mois, des années plus tard … la vie a repris ses droits…

Les agressions que j'avais obnubilées, reléguées aux oubliettes, n'en faisaient pas moins des ravages importants dans tout mon être et autour de moi.

Mes proches ont souffert eux aussi, beaucoup.

Ça fait partie des dommages collatéraux…

Je ne suis pas la seule qui ait été atteinte par ces agressions… tout mon entourage, mes proches, l'ont été aussi.

C'est l'aspect, l'élément que j'ai encore le plus de difficulté à pardonner à mes agresseurs ! Y a des choses qui ne passent pas … !

Les dommages collatéraux ...

J'ai brisé mes enfants. J'ai altéré leur croissance, leur épanouissement. Ma vie aussi a été brisée. Je n'ai pu laisser s'épanouir l'être que je suis véritablement. J'ai blessé mes frères et mes sœurs, mon père ... et combien d'autres personnes qui me sont chères. Des connaissances. Vie de couple cahoteuse...

Brisée par les drames vécus, j'ai été désorganisée à certains moments. Évidemment cela a eu des répercussions dans la vie de mon entourage. Ça fait partie de ce qui me blesse le plus et m'attriste énormément. Jusqu'à m'en sentir profondément coupable... pendant de nombreuses années.

Aujourd'hui je sais que je ne suis pas coupable des conséquences des actes criminels, ni des traumas que j'ai subis. J'arrive à me dégager de la honte et de la culpabilité, du mieux que je peux. Mais je demande tout de même pardon. Je suis profondément désolée quant à l'impact que cela a eu sur la vie de mes proches.

J'aimerais dire aux membres de ma famille que s'ils n'ont pas eu la fille, la sœur, la tante, la mère qu'ils auraient souhaité avoir, c'est parce qu'on l'a volée. Des hommes imbus de pouvoir, vous l'ont volée. Ces hommes ont volé ma vie. Toute ma vie. Ils m'ont volé aussi mes deux sœurs, mon frère, mon père, la relation que j'aurais été en droit d'avoir avec eux. Ils m'ont volé ma relation de couple, et le pire, ma relation avec mes enfants. Ils m'ont volé ma vie relationnelle, sociale, professionnelle, d'engagement, ma créativité, ma joie de vivre... Ils m'ont tout volé !

C'est bien malgré moi si j'ai été *à ramasser à la petite cuillère* tant de fois. Démolie, en piteux état, dépressive... À ces moments-là, je ne jouais pas à la victime. J'étais démolie !

J'ai porté longtemps la douleur de n'avoir pu être la maman que j'aurais souhaité être. Aujourd'hui, je sais que j'ai fait de mon mieux avec ce que j'avais. Aujourd'hui, je ne ressens plus de culpabilité malsaine. Maintenant je sais. Je sais que j'étais amputée d'une partie de moi-même. Par surcroît cette amputation était hors de mon contrôle. Un chauffard ivre m'aurait percutée sur le trottoir et j'en serais demeurée invalide, mais je n'en serais pas plus responsable ! Il en est de même concernant les traumatismes dus aux agressions sexuelles causées par des hommes ivres d'un pouvoir malsain.

Aujourd'hui, même si je ressens encore une certaine douleur quand je pense à notre vécu familial, je sais que mes enfants savent que je les aime. Ça c'est important, et rien ni personne ne peut nous l'enlever.

Vivre dans ma tête ...

Je ne réalisais pas à quel point je vivais dans ma tête, à quel point je m'étais coupée de mes émotions, de mon être intérieur.

Je m'étais réfugiée dans ma tête, en commençant le secondaire et en débutant des études en sciences, à 35 ans.

Toute ma vie je me suis imposé des censures pour contrer un état de désorganisation qui me guettait sans cesse. Quels efforts j'ai déployés ! Et dire que je ne comprenais pas pourquoi j'étais toujours aussi fatiguée.

À travers tout ça, je tentais de donner tout l'amour que je pouvais à mes enfants. J'essayais d'enfouir le plus profondément possible toutes mes misères intérieures. Toujours en ignorant la, ou les causes afin que mes deux amours, ne soient pas atteints par ces douleurs qui me rongeaient. Je désirais tellement que leur vie ne soit pas altérée par ces douleurs qui m'habitaient.

Vivre dans ma tête. Ça a été un mécanisme de survie important. Imposant. Il me permettait de contrôler l'incontrôlable.

Il me permettait d'occuper suffisamment mon espace mental. J'y interpellais tout mon être, pour ne pas avoir à sombrer dans l'horreur de ce qui m'habitait et que je ne pouvais encore affronter. Dur combat. Éprouvant. Constant. Épuisant !

À ce moment, je n'avais ni la capacité intérieure, ni les ressources à ma disposition pour traverser les étapes douloureuses d'un rétablissement.

Par contre ce mécanisme de survie, *me réfugier dans la tête*, m'a permis d'entreprendre et de compléter des études. C'était ça ou je me tirais une balle dans la tête.

J'ai choisi de m'occuper le cerveau pour m'obliger à ne pas penser en attendant de savoir si je pouvais continuer à vivre ou pas. Par la suite, ces études m'ont permis de travailler. De faire vivre mes enfants. Elles m'ont aussi permis de me payer de nombreuses thérapies.

Je n'ai pas le pouce vert …

Imaginons une plante qui manque d'eau, de soleil, de nutriments, elle se meurt… Je m'en aperçois peut-être à temps. Je lui donne ce qu'il faut pour la réchapper. Mais le cœur n'y est pas. Le cœur n'y est plus. De guerre lasse je suis indifférente au résultat. Qu'elle meure, je m'en fous. Et puis après. De toute façon, qu'est-ce que ça peut bien faire….

Je n'ai pas le *pouce vert*. À ma grande désolation. Je l'ai constaté à de très nombreuses reprises. J'ai prononcé ces mots tellement souvent. Avec un petit pincement au cœur. J'aurais tellement aimé… Et puis finalement au fil du temps, je prononçais ces mots presque avec désinvolture entremêlée toutefois d'un peu de regret. Avec une certaine forme de résignation. *Je déteste la résignation qui n'a rien à voir avec l'acceptation.*

Dernièrement, j'ai constaté que ces paroles toutes simples, me dérangent plus que je le voudrais.

Cette fois-ci, j'ai pris le temps de les accueillir.

De nombreuses démarches de guérison et différentes thérapies m'ont appris à être plus attentive à ce qui monte en moi. À percevoir même de tout petits mouvements intérieurs. Surtout à ne pas les étouffer, les nier. De plus en plus, je suis apte à laisser émerger. À accueillir sans juger. À entendre ce que des mouvements intérieurs ont à me dévoiler…

Je n'ai pas le *pouce vert*. Pourtant j'aime les plantes, les fleurs. J'aime jardiner. Jouer dans la terre…Mais…j'ai une mort dans l'âme qui s'est installée en moi depuis si longtemps que je ne m'en apercevais plus. Je ne m'en apercevais pas… Ou plutôt, oui ! Je voyais bien les résultats. Je vivais les affres d'une longue agonie intérieure.

… Je n'ai pas le pouce vert ! … une petite phrase anodine qui, en ce qui me concerne, cachait bien des choses. Maintenant le voile se lève peu à peu sur d'autres aspects de ma vie, d'autres impacts négatifs, résultat des traumas subis par les agressions.

Le voile étant levé, cette découverte par rapport à mon attitude vis-à vis des plantes, vaut pour de nombreux autres domaines de ma vie, qu'il serait trop long à énumérer.

Aujourd'hui, je constate que j'agissais avec les plantes de la même façon que j'agissais envers moi. Pendant des années, je me refusais le droit d'exister. Je ne me permettais pas de m'épanouir. Je me bouchais les yeux et les oreilles pour ne pas entendre mes besoins. Je me refusais le droit de vivre. Je ne le méritais pas. Je me fournissais à peine ce qu'il faut pour subsister, sans plus. « Si elle veut vivre, elle n'a qu'à résister... » Il m'est arrivé de dire à propos de certaines plantes « qu'elles tenaient à la vie », parce qu'elles résistaient. Elles survivaient malgré moi.

Jour après jour, j'apprends à accueillir ce que je vis intérieurement, sans jugement, à entendre quels sont mes besoins. J'apprends à me faire confiance, à prendre soin de moi, à respirer librement... à vivre.

Il y a encore des hauts et des bas, des remises en question, des doutes et des déchirements. Ça fait partie de la vie. Mais j'avance ! J'avance à travers feux et marais, broussailles et forêts, déserts et torrents ! J'avance ! Résurrection après résurrection, je suis de plus en plus vivante !

Finalement, je découvrirai peut-être que j'ai le «pouce vert» après tout. De toute façon, cela n'a plus la même importance. Ça reste une image, l'important est ailleurs...

Les émotions dans tout ça … ?

Il fut un temps où je considérais n'avoir peur de rien ou presque....

Après de nombreuses thérapies, j'ai découvert que je vivais des crises de panique. D'angoisse. De terreur. Qui me faisaient vivre des colères spontanées incontrôlables. Dès qu'un évènement me faisait craindre de près ou de loin une possibilité de perte de contrôle. Même dans des évènements quotidiens sans grande importance.

Comment se fait-il qu'autrefois je ne réussissais ni à reconnaître, identifier, nommer, ces émotions d'une si grande intensité.

Ces émotions : peur, frayeur, panique, angoisse. Non reconnues, non identifiées pendant de nombreuses années, étaient toujours prêtes à bondir. À écraser les moindres élans de vie qui ne cessaient de vouloir germer malgré tout.

Autrefois tapies dans l'ombre, bien cachées, camouflées comme le reste des traumatismes et leurs conséquences. Blessures invisibles qui pourtant provoquaient des réactions, des attitudes néfastes-nuisibles-dérangeantes.

Quels combats je menais ! Épuisants ! ... pour m'en débarrasser. Souvent je me retrouvais épuisée, presque abrutie, ne sachant trop pourquoi ni comment j'étais dans cet état lamentable de détresse psychologique. Comme un bois mort flottant à la dérive. Cherchant désespérément à comprendre...

Parfois ça pouvait durer des mois. Année après année. Après un délai plus ou moins long, je réussissais à m'extirper de cette gangue de torpeur, de quasi-anéantissement, de désespérance.

J'en ressortais finalement. Le nez en dehors de l'eau. Combien de fois j'ai utilisé cette expression. «Avoir le nez en dehors de l'eau ». À la longue, le calme revenait. Je recommençais à respirer un peu, à croire à nouveau en la vie. Je me remettais à marcher vers de nouveaux horizons. Espérant une vie meilleure, mais ça ne durait jamais longtemps.

Malgré de nombreuses thérapies et les étapes de guérison. Il m'arrive encore d'avoir peur. Peur de perdre le contrôle, la maîtrise de ma vie. D'être incapable de me défendre, qu'on me fasse du mal. Peur d'être violentée, d'être agressée, d'être brisée. Peur d'être rejetée. D'être trahie... !

C'est beaucoup moins intense. C'est subtil et bien camouflé. Mais aujourd'hui je suis plus en mesure de les reconnaître, de les débusquer. De les traiter.

La colère …

Sourde. Intense. Comme un tsunami. La colère me submergeait à certains moments, pour un rien. Comme une rage intempestive qui n'entend plus rien. Aveuglée. Insensible. Elle s'en prenait parfois à des personnes proches qui me sont chères. Que j'aime profondément.

Ça pouvait m'arriver aussi quand j'étais seule. Là où ça me fait le plus mal, c'est quand ça se produisait en présence de mes enfants… le plus souvent avec ma fille… Pourquoi ?... C'était l'aînée…

Pourquoi ces montées de colère incontrôlée comme des rages subites ? J'ai découvert enfin que ça peut être un des nombreux symptômes post-traumatiques.

Il y a si longtemps que je crie et implore pour être débarrassée de ce comportement atroce qui fait tant de mal, en moi et autour de moi. Mes enfants étaient des bébés…

Ça fait des décennies que je demande au ciel de m'en libérer, de m'en délivrer, de m'en guérir. Ça a été long avant de percer la carapace. L'armure était solide. J'avais un bon bagage d'émotions longtemps enfouies, accumulées, amnésiées.

Ma confiance brisée à de multiples reprises m'avait fait ériger des barricades. Des murailles cimentées par la peur d'être brisée à nouveau. C'est comme si, même inconsciemment, je ne permettais plus que quelqu'un ou quelque chose puisse me détruire… En même temps, cette muraille ne permettait pas vraiment à l'amour de s'introduire dans ma vie.

Je me souviens d'un soir de Noël… une messe de minuit dans un petit village où habitait l'une de mes soeurs. J'étais à côté de mon père. Chose inusitée pour une messe de minuit de Noël, quelques paroissiens avaient distribué des paroles de la bible, inscrites à l'intérieur des ailes d'un petit oiseau en papier. Lorsque j'ai déplié les ailes du petit oiseau que j'avais en main j'ai lu cette parole: « Je te guérirai de toutes tes blessures ».

Moi qui était si peu pratiquante. Loin de Dieu et de l'Église. Ça m'a quand même touchée en plein cœur. Sans trop comprendre, ça m'a émue profondément. J'y ai cru tout aussi profondément. Ça a été si intense que mon père, à mes côtés, a ressenti qu'il se passait quelque chose… d'important… De précieux. Ce fut comme un baume, comme une promesse certaine de délivrance. Délivrance de quoi ? je ne savais trop. Je n'aurais su le dire.

À ce moment-là, je ne connaissais pas encore la source, ou plutôt les sources, de toutes mes souffrances intérieures. J'étais mal dans ma peau. C'est tout.

Plus tard, des années plus tard, j'ai retrouvé ce bout de papier. Je l'avais conservé. Je me suis souvenue de cet instant. J'ai rendu grâce. J'ai dit merci au ciel. Merci à la vie. Parce que malgré et à travers tout ce que j'ai pu vivre de douloureux entretemps, un Être d'Amour tenait sa promesse et me conduisait d'étape en étape vers la guérison. Pour en arriver enfin (en 2011) non seulement à lever le voile de l'amnésie qui m'a emprisonnée pendant si longtemps ; mais aussi à traiter les conséquences des traumatismes subis.

Pendant les dernières thérapies en 2011, j'ai compris de plus en plus clairement que j'avais enfoui une colère sourde, extrêmement forte et envahissante. J'essayais de la nier. J'utilisais des masques, en faisant semblant que tout allait bien. Jusqu'à ce que le trop plein déborde et éclate de façon incontrôlée, soit envers les autres, soit envers moi, en dépression…

Une colère peut s'enflammer pour dire non à l'inacceptable ! Cette colère-là est saine en théorie, mais elle peut être néfaste, dévastatrice si elle n'est pas orientée correctement. La colère qui m'habitait était tellement intense. Rugissant des profondeurs abyssales de douleurs tellement inexplicables qu'elle n'offrait rien de positif. Pendant très longtemps, parce que je ne savais pas vers qui, ni vers quoi la diriger. Trop souvent, elle s'est adressée à de pauvres victimes, non responsables de mes déboires. Aux mauvaises personnes.

Ça aussi ça fait partie de mon cheminement de rétablissement, et c'est un gros morceau. Pouvoir enfin identifier cette émotion. La canaliser au bon endroit.

Reprendre du pouvoir sur ma vie, cela inclut non seulement identifier la réalité de mon vécu, identifier et traiter les traumas, mais aussi identifier, accueillir et diriger cette émotion de colère vers les bonnes cibles.

Reprendre du pouvoir sur ma vie !

L'écriture de ce livre en fait partie.

Relecture d'un évènement récent ...

Cette r*electure est possible aujourd'hui à la suite des démarches de guérisons. Elle fait partie de mon processus de rétablissement.*

Je revois une scène... Je suis en auto. Une personne de mon entourage me conduit à un rendez-vous et n'entend pas mes explications. Elle fait plusieurs manœuvres spontanées qui nous amènent vers d'autres directions que celle qui est prévue.... Je suis déjà en retard...Je me mets en colère....

Lorsque je me replonge au moment où j'ai senti monter la colère et à l'instant où j'en ai été submergée... , je constate que j'avais peur. J'étais terrorisée. Mon estomac était noué. J'avais le souffle court et j'avais peu de raisonnement.

Peur ! Terreur ! De quoi ? Pourquoi ? Parce que je n'avais pas le contrôle de la situation ? Reviviscence d'épisodes où je n'avais pas le contrôle et où on m'a fait du mal ? Je ne saurais le dire avec précision.

Au fur et à mesure de mon rétablissement, je suis de plus en plus en mesure de reconnaître ce qui se passe. Au moment présent. Je savais depuis longtemps que ces émotions n'avaient aucune commune mesure avec l'évènement déclencheur. Ces pertes de contrôle, ces colères inappropriées, sont souvent ou même toujours associées à d'autres émotions enfouies : «peur – terreur», liées à des évènements vécus, à des traumatismes amnésiés pendant trop longtemps.

Maintenant que je les reconnais, je peux les traiter...

Colère … Haine … Abjection … Dégoût …

Comme une lave de volcan qui déborde, ça s'est incrusté en moi. J'ai été longtemps incapable de l'identifier, de la nommer… J'ai vécu de l'abjection, du dégoût, de la colère… mais je ne souhaitais pas de mal….

Cette infamie m'a quand même habitée pendant longtemps, trop longtemps… Même si je l'ai niée pendant de nombreuses années. Je m'auto-flagellais de vivre autant de sentiments indignes par rapport à une personne qui m'avait fait du bien aussi. Cet homme, mon oncle, avait pris soin de moi d'une manière exceptionnelle alors que je n'étais même pas son propre enfant. Il m'avait éduquée, nourrie, enseigné tant de choses, ouvert l'esprit au plaisir du savoir, de la connaissance, de la recherche, des découvertes. Il m'avait aimée comme sa propre fille ; il n'avait pas d'autre enfant.

Aura-t-il fallu qu'il meure, qu'il ne soit plus là. Ou que je sois écrasée par les évènements de la vie. Déménagement, études, deuil, séparation, incendie pour que mon inconscient permette à cette sombre réalité d'émerger au grand jour ?

Je ne pouvais pas le haïr, puisque je ne savais pas. Pendant tout ce temps, s'il y a eu de la haine, c'était envers moi.

L'amour ...

Malgré tout, l'amour, toujours me guidait, me ressourçait, me permettait de trouver la force et le courage d'avancer. L'amour pour mes enfants d'abord et avant tout. L'amour pour les miens, l'amour pour mon père, mes frères et sœurs, mon conjoint, l'amour pour le genre humain en général.

Un après-midi de février, à 44 ans, j'ai goûté de tout mon être la présence d'un amour inconditionnel de Dieu... ? Nommez-le comme vous le voulez bien...

Indescriptible, intense, inoubliable. Cette présence m'a permis de traverser tellement d'autres épreuves encore par la suite. Je n'étais plus seule. Quelqu'un m'aimait au-delà de tout ce que j'aurais pu imaginer ou concevoir. À partir de ce moment je me suis sentie accueillie et aimée. Intensément. Inconditionnellement.

Malgré toutes les douleurs qui pouvaient m'habiter encore. Les désespérances qui m'envahissaient si souvent. Malgré tous mes faux pas, mes erreurs de parcours... Je me sentais, je me *savais* aimée. Aimée et soutenue pour ne pas sombrer davantage, pour continuer à marcher, à avancer dans la vie avec l'espoir de jours meilleurs à venir.

Même si je ne le ressentais pas toujours.

Malgré cet évènement intense et heureux, il m'est arrivé encore et souvent par la suite d'être atterrée par des émotions de peur, de frayeur. De vouloir mourir de désespérance... Mais cette nouvelle petite flamme qui avait été allumée en moi, ce don d'amour, ne pouvait s'éteindre tout à fait. Elle m'a permis de poursuivre le chemin cahoteux de ma vie. De me rendre jusqu'ici, jusqu'à aujourd'hui...

Pendant ces années, je me considérais encore totalement responsable de tous mes malheurs, du désastre de ma vie et des misères que je semais chez les autres : ma famille d'origine, mes enfants, mes proches, mes ami-es et mes connaissances. Je me sentais encore profondément coupable de tout. Je me pensais folle. Bien sûr, la seule explication plausible à cette vie cahoteuse qui était la mienne, ne pouvait être que, parce que : *c'est moi qui es pas correcte.*

C'était inexplicable... Ou bien une espèce de malédiction pesait sur moi et faisait que je ne pouvais qu'apporter le malheur et vivre en exclue... en dehors d'une vie normale.

Je continuais de me sentir coupable. Coupable de tout. Coupable de vivre. Je me sentais profondément inapte à vivre convenablement, et fort certainement méchante. Je n'avais rien de bon à offrir, je ne pouvais que mériter tout ce qui m'arrivait de négatif, de néfaste. Je ne valais pas grand-chose.

Pourtant un amour immense m'habitait, je rêvais de jours meilleurs, j'aspirais à donner le meilleur de moi-même tant pour la société que pour mes proches, à commencer pour mes enfants.

C'est un deuil très difficile à faire d'avoir vécu toutes ces années sans avoir été en mesure de réaliser ses aspirations profondes.

J'aspirais à transmettre tout l'amour qu'il m'était possible de donner à mes enfants; à leur enseigner un chemin de bonheur, à contribuer à leur épanouissement, leur autonomie, à leur joie de vivre…

Avec toutes les lacunes et les brisures de vie qui m'habitaient je n'ai pu leur transmettre un dix millionième de ce que j'aurais souhaité. Malheureusement ils ont souffert et ont encore aujourd'hui, probablement, des séquelles de mes brisures de vie, de ma vie écorchée.

De ça aussi, je me suis sentie profondément coupable, pendant tellement, tellement longtemps. Ça me brise toujours le cœur.

« Après avoir vécu un événement traumatique, on ne comprend pas souvent ce qui nous arrive.

Nos réactions nous semblent incompréhensibles et chaotiques.

Certaines peuvent nous paraître complètement farfelues, anormales, voire pathologiques. ... On ne se reconnait plus...

Or il se pourrait que nos réactions soient normales et connues... et que nous souffrions de symptômes post-traumatiques...»

« ... Le traitement des symptômes post-traumatiques dépend

du nombre d'événements traumatiques et de la gravité des difficultés

que vous avez vécu dans votre vie.

Il dépend aussi de la sévérité de vos symptômes et des stress actuels supplémentaires que vous vivez ...»

Pascale Brillon Ph.D.

Rétablissement

« ...enchaînée ...privée de toute liberté...

j'ai pris conscience – après de longues années – que l'on garde tout de même

la plus précieuse de toutes,

la liberté que personne ne peut jamais vous ôter:

celle de décider qui l'on veut être» …………»

Ingrid Bétancourt

Comprendre que ce n'était pas de ma faute ...

J'arrive assez bien à concevoir et à intégrer que pour les abus subis pendant l'enfance et l'adolescence, ce n'est pas de ma faute.

J'étais une enfant avec toute l'innocence d'une petite de cet âge : à deux ans, à quatre ou cinq ans et même à douze-treize ans. À cette époque en tout cas dans le monde où j'évoluais, on était encore à la pré-adolescence toute naïve et innocente. Encore une fois je réalise à quel point mon oncle, perçu comme un père adoptif, avait de l'emprise sur moi. À quel point il m'a possédée. J'étais à lui. Il m'a détournée, dépossédée de ma vie propre. Ma vie à moi.

Jeune adulte

Je constate cependant que pour la suite des évènements dramatiques vécus en tant que jeune adulte, il m'est plus difficile de concevoir et d'admettre que ce n'est pas de ma faute. Que je ne suis pas responsable des agressions subies.

J'ose aujourd'hui !

Je me permets de parler d'évènements dramatiques vécus, parce que c'est bien de drames dont il s'agit. Ce que j'ai vécu n'est pas anodin. Après avoir nié cette réalité pendant presque toute ma vie, j'ai encore à me le rappeler. J'ai tenté pendant tellement longtemps, à venir jusqu'à maintenant en fait, de nier ou de minimiser ces agressions.

Maintenant que la mémoire et surtout le processus de guérison est enclenché, je dois et j'ai encore à me rappeler que les crimes qui ont été commis à mon égard sont bel et bien des crimes contre la personne. D'ailleurs cela tue quelque chose en nous. Une part de notre vie nous est volée quand on est assaillie, agressée sexuellement...

Bien sûr je conçois et constate que la jeune adulte que j'étais, était déjà brisée, désarticulée dans tout son être, depuis le début de son adolescence. J'étais fragilisée, mais aussi naïve. Je l'ai été très longtemps d'ailleurs, malgré tout ce qui m'est advenu. Je croyais que les hommes, les humains, ne sont pas méchants. Qu'ils sont foncièrement bons. Qu'ils ne peuvent consciemment vouloir du mal. Comment aurais-je pu imaginer que mon copain de l'époque participe et organise un viol collectif, en incluant dans le scénario une drogue quelconque, dans le but que je ne me rappelle de rien.

Je réussis maintenant à concevoir, à comprendre la situation de la jeune adulte que j'étais. À penser objectivement que les évènements dramatiques subis en tant que jeune adulte, n'ont pas été recherchés ni provoqués. Que ce n'était pas de ma faute ! Mais cela je le conçois en ayant encore du mal à l'intégrer. Cela se conçoit comme pour une étrangère.

Au moment où j'écris ces lignes, en 2016, je réussis encore difficilement à le vivre intérieurement. La personne qui me soutient pendant le processus d'écriture, m'invite à en faire état : « cela fait aussi partie de ton processus de guérison, de thérapie ! » m'a-t-elle dit.

En fait, il semble que j'aurais peur du jugement, du regard des autres. Les jugements sont encore tenaces dans la société dans laquelle on évolue : « elle l'a cherché...», elle a fait exprès....», « elle avait juste à ne pas aller à cet endroit....». Il semble qu'on intègre trop facilement ces jugements négatifs. Tout comme on intègre la violence qui nous est imposée. Nous les victimes d'agressions sexuelles, ne sommes pas exemptes de ces jugements. Cela fait partie de la honte et du dénigrement qui nous envahissent avec autant de violence que celle qui nous a été faite.

Cela fait partie des effets néfastes et insidieux qui nous grugent par en dedans. Comme un virus tenace dont il faut apprendre à se débarrasser.

En plus de la brisure de l'être, il y a de la peine, de la douleur, de la honte qui ne devraient pas y être. De la colère qui a besoin de s'extérioriser. Cela aussi j'ai eu à le traiter en thérapie...

Comme une pierre d'assise déposée dans le torrent.

Le rétablissement ...

Il y a eu de nombreuses relations d'aide. L'accueil et le soutien de ma famille, de mon père surtout. La naturo-thérapie, les marches et le ski de fond en forêt. Les prières de la part de ceux et celles qui m'aiment, j'en suis persuadée. Il y a eu des thérapies de toutes sortes échelonnées sur plusieurs années. Des réunions hebdomadaires Al-Anon, et des fins de semaine intensives. Des rencontres au Point d'appui avec les groupes de femmes des CALACS. Des Christothérapies, fins de semaine de thérapie avec le Christ, avec des communautés religieuses. Des rencontres avec des travailleuses sociales, des psychologues. Des prêtres... Eh oui ! J'en ai rencontré quelques-uns qui avaient de l'écoute ; et un bon cheminement pour aider, soutenir. J'ai fait de l'Art-thérapie. Un cheminement et des thérapies avec le groupe d'Évangélisation des profondeurs (EDP) fondé par Simonne Pacot.

Et finalement une thérapie intensive des traumas selon la méthode MIGS à l'IIDI avec Marie-Paul Ross et son équipe.

À chacune des étapes de ce long processus de rétablissement, apparaissait comme une pierre d'assise, déposée dans le torrent de ma vie. Je pouvais y poser le pied de façon sécuritaire. Retrouver un peu de sérénité et me permettre de respirer plus librement à chaque fois. Ces étapes de guérison m'ont permis de ne pas me noyer. De progresser dans le chemin du rétablissement.

Autant de petites victoires, de grandes victoires et de grandes étapes. Des résurrections échelonnées au fil des années, des mois, des semaines, des jours. Tant au quotidien que lors de sessions de rétablissement, de recouvrement de soi, de liberté d'être, de paix intérieure. Recouvrement de dignité ...De mon histoire. De ma vie telle qu'elle a été.

Je ne vivais plus dans un épais brouillard. Je sortais de ma gangue, de ma carapace de survie.

Depuis l'été 2011. Depuis la thérapie en profondeur vécue à l'IIDI avec l'équipe de Marie-Paul Ross, méthode MIGS, je peux être libérée de ces fardeaux. Je retrouve graduellement ma liberté d'être. Ma capacité à respirer librement. Sans douleurs. Enfin j'apprivoise une vie qui peut être sereine...

Le voile de l'amnésie s'est estompé, s'est déchiré.

Le corps se souvient ! Les images, le vécu, l'horreur, les émotions, les sons remontent et sont traités.

À l'IIDI, j'ai vécu des opérations chirurgicales de pointe, la méthode MIGS à l'IIDI a été pour moi comme un séjour aux soins intensifs où j'ai reçu des soins d'une qualité exceptionnelle. J'en ressors libérée de l'amnésie et du trop plein d'émotions dévastatrices.

Le cœur me fait mal encore parfois, quand il m'arrive d'effleurer en pensée des étapes de ma vie qui auraient pu, qui auraient dû être différentes. Ça ne dure plus très longtemps. J'en suis arrivée à accueillir ce qu'a été ma vie...la mienne ! Celle qui ne peut être celle d'une autre... juste la mienne.

Aussi étrange que ça puisse paraître. Maintenant ça me rassure. Ça me rassure parce que je **sais** ! Maintenant ! Que c'est vrai ! Je ne suis pas folle ! Je sais maintenant, ce que j'ai vécu. Ce que j'ai subi. Ce que j'ai dû traverser. Je sais maintenant que mes périodes de détresse, de désorganisation ont une raison. Je sais aussi que je suis forte. J'ai réussi malgré tout à rester en vie.

Finalement au fil du temps et des thérapies. Un petit pas à la fois... Des mots sont apparus. Des images prenaient forme. Prenaient place ... Les morceaux de casse-tête se sont emboîtés au bon endroit... J'ai commencé à avoir le portrait de ce qu'a été ma vie... Je pouvais à l'occasion faire un bond au dessus du ravin.

Commençait alors tout un cheminement :

- Pour identifier d'abord , *accueillir enfin,* et nommer;
- Pour comprendre les conséquences des traumatismes vécus;
- Pour laisser émerger encore d'autres émotions enfouies sous la carapace de l'amnésie et des mécanismes de défense qui apparaissaient au grand jour. Au fur et à mesure que la réalité de mon passé refaisait surface. Dans toute sa vérité;
- Pour accueillir les nombreux et douloureux deuils à traverser en lien avec ce qui a été volé de ma vie;
- Pour départager et découvrir ce qui subsiste de vivant en moi, et qui ne demande qu'à s'épanouir;
- Pour départager :

- Ce qui m'appartient vraiment;
- Ce qui s'est avéré être des mécanismes de survie;

- Pour identifier et accueillir ce que j'ai à nourrir en moi;
- Pour laisser s'épanouir l'être que je suis réellement avec toute mon histoire, mon être profond. Ce que je suis aujourd'hui, avec mes limites et contraintes. Mais aussi les acquis et les forces développées au cours de ces étapes de rétablissement…

C'est toujours une lourde tâche de laisser monter les bulles d'émotions rattachées à certains souvenirs douloureux qu'on a tenté d'oublier, d'effacer.

D'en minimiser l'importance, parce qu'on se croit peu important, parce qu'on s'accorde moins de valeur qu'aux autres, n'en réduit pas pour autant l'impact.

Rien ne se vit comme par magie. Instantanément. À l'eau de rose. Le fait d'avoir pris le temps d'identifier mes colères, mes peurs, mes douleurs, n'a pas été chose facile. Mais tellement libérateur…

Quand les morceaux de casse-tête …

Quand les morceaux de casse-tête se sont arrimés. Que j'ai enfin compris ce qui m'était arrivé. J'ai pu arrêter de me démolir. Malgré la douleur ressentie pendant la thérapie MIGS, ce fut un grand soulagement. J'ai compris que je n'étais et ne suis ni folle, sotte ou imbécile, ni sale, ni coupable. J'ai été agressée ! Et l'auto-jugement se poursuit. Le jugement négatif est intégré : «…Je suis ridicule… » « Tu ne te souvenais de rien ?» Eh bien non !...c'est comme ça !

En même temps, pendant le processus de guérison, j'ai eu à vivre du désarroi. À accueillir la douleur. À réaliser ce que j'avais vécu. À traiter la honte et la désorganisation provoquées en moi pendant des années, des décennies. J'ai eu aussi à traiter toutes les incrustations de dénigrement, d'auto-sabotage que cela avait contribué à nourrir en moi. Tout un programme. Cela ne se fait pas seul. Ça prend du temps, du courage, de la persévérance. Il faut aussi trouver les bonnes personnes, les bonnes ressources.

Petit à petit, pelure d'oignon après pelure d'oignon. d'une thérapie à l'autre. Comme le singe se promenant d'une liane à l'autre pour enfin arriver à destination…On finit par y arriver ! Cela peut prendre du temps, mais on finit par y arriver !

En ce qui me concerne, il y a eu plus d'un évènement traumatique. Tout était emmuré dans les caves de «barbebleu», dans les oubliettes. Donjons de la mémoire d'où personne ne peut voir le jour.

Maintenant que je sais ...

Depuis les dernières thérapies, je n'ai plus mal comme avant. Oui la douleur peut être présente, parfois. Mais il y a maintenant aussi un baume. Plusieurs ingrédients en font partie :

- Je commence à m'en sortir, à comprendre, à réaliser tout ce qui m'est arrivé et les conséquences que cela a eu sur mon être, dans ma vie;
- Je sais aujourd'hui que je ne suis pas coupable des conséquences qu'ont eu sur moi les traumatismes que j'ai subis;
- Je ne me sens plus coupable... moins en tout cas. J'apprends à faire la part des choses, à prendre ce qui m'appartient. Seulement ce qui m'appartient et aussi à me donner un peu de compassion, et à relativiser;
- Je me sens moins coupable des séquelles que cela a pu provoquer par ricochet dans mon entourage;
- J'ai tout fait pour aimer du mieux que j'ai pu. Avec ce que j'étais. Malgré les dégâts dus à ce que j'ai vécu et subi;
- Je travaille encore à faire le deuil de ce que je souhaitais et désirais si ardemment vivre, du plus profond de mon cœur, de tout mon être, avec mes enfants, et ailleurs dans les autres domaines de ma vie;
- Je suis en processus de rétablissement, de recouvrement de mon identité, de mon être, de ma vie. À partir de maintenant. Sans ignorer. Sans nier ce qui m'est advenu. Sans ignorer. Sans nier mes valeurs propres, mon être profond. Je suis en processus d'intégration de qui je suis réellement;
- J'ai confiance au cheminement respectif de mes enfants qui sauront avancer, progresser dans leur vie, vers leur épanouissement et l'intégration de leur être profond;
- J'ai confiance que la force, le courage et l'amour qu'ils ont côtoyés, malgré tout, leur permette d'avancer, de progresser vers le meilleur d'eux-mêmes;
- J'ai confiance. J'ai bon espoir.... Ils sont merveilleux...!

Aujourd'hui, je veux continuer à témoigner que la vie vaut la peine d'être vécue. Que l'amour triomphe de la mort qui cherche parfois à nous engloutir.

- Je sais que je ne suis pas folle. Même si encore dernièrement j'ai crains de perdre la raison… Après que des évènements très bouleversants soient arrivés à des êtres que j'aime profondément ;
- Je sais maintenant d'où proviennent les émotions destructrices. J'en connais la cause !
- Je sais les reconnaître. Les identifier. Les nommer, quand elles apparaissent. Peut-être pas toujours. Mais en tout cas je suis plus apte qu'auparavant à le faire;
- J'ai acquis des outils pour traiter ces émotions destructrices avant qu'elles ne causent trop de ravage. Dès qu'elles se pointent le bout du nez;

Malgré tout le chemin parcouru, les conséquences néfastes de ces émotions sont encore présentes. Mais beaucoup moindres.

- Moments d'anxiété, de panique;
- Mouvements d'agressivité;
- Sentiment de mort intérieure passagère;
- Peur de perdre le contrôle;
- J'ai encore recours, au besoin, à l'aide de certaines personnes-ressources.

Maintenant que je sais. Que je connais la «réalité» de ce qui m'est arrivé, je ne peux plus me taire. Je ne peux surtout plus m'auto-flageller, me détruire en me rendant coupable de tous mes malheurs. Les miens et les «dommages collatéraux» auprès de mon entourage ont d'abord et avant tout été provoqués par des être ignobles et sans cœur. *Cela ne m'empêche pas de considérer qu'ils sont eux-mêmes des êtres blessés et non guéris, en tout cas non traités, qui blessent.*

Ils ont quand même détruit ma vie. Brisé celle de mes proches. J'ai encore du travail et des étapes à franchir pour continuer à me libérer des nombreux jougs qu'ils m'ont imposés. Mais beaucoup de chemin a été parcouru.

Maintenant que je sais :

- Je sais que je ne suis pas folle;
- Je sais que je ne suis ni misérabiliste, ni plaintive. Oh ! que non !

Maintenant que je sais :

- Il ne m'est plus permis de taire ce que j'ai toujours tenté de nier :
    - les trop grandes souffrances,
    - les grandes détresses traversées,
    - les horreurs des drames et combats intérieurs,

«...Un être complexe...» disait Ingrid Bétancourt dans son autobiographie [1]. Elle écrit qu'elle était devenue un être complexe après avoir été enlevée et prise en otage dans les forêts Colombiennes. *Elle définit cet état comme étant un être ayant plusieurs émotions, à la fois, qui s'entremêlent.*

Bien sûr, je n'ai pas vécu les années d'horreur d'un otage en pleine brousse. Mais je ne me souviens pas ne pas avoir été un être complexe. C'est déroutant à concevoir. Mais ça aide de pouvoir mettre des mots qui définissent bien ce que l'on ressent. J'ai l'impression d'avoir été un être complexe pendant presque toute ma vie. Tranquillement. Fort heureusement, la complexité de mes émotions se désemmêle, la réalité des évènements ayant été dévoilée, les impacts des traumas ayant été traités, il m'est permis de retrouver une certaine simplicité d'être.

.

[1] Même le silence a une fin. Ingrid Bétancourt. Gallimard. 2012.

Encore aujourd'hui reconnaître ses blessures ...

Encore aujourd'hui, il m'arrive de vivre des situations difficiles qui m'atteignent profondément, qui font ressurgir des blessures que je croyais pourtant guéries. Elles le sont ! En grande partie du moins ! Elles le sont suffisamment pour ne plus être reléguées aux oubliettes. Elles sont suffisamment guéries pour que je sois en mesure de les identifier, de les accueillir et ensuite de continuer à les traiter.

Quel bonheur d'être en mesure de bonifier au fur et à mesure le processus de convalescence. Parfois ça peut se faire quasi instantanément. Parfois ça peut prendre des semaines ou même quelques mois. Il peut aussi arriver que j'aie à demander encore une fois de l'aide. Mais toujours la clairière s'agrandit. La forêt laisse passer de plus en plus de lumière. Les ténèbres s'amenuisent constamment.

Maintenant que je sais ce que j'ai vécu, quand je réussis à identifier à quoi la douleur de l'évènement perturbateur fait référence, je comprends mieux comment il se fait que la mort intérieure, ou la colère m'envahissait autant.

Autrefois quand ça m'arrivait. Je ne comprenais pas qu'un évènement perturbateur précis, produise autant d'impact sur moi. Son effet dévastateur dépassait parfois mon entendement.

Le fait d'être remontée à la source, d'avoir traité la douleur initiale en lien avec l'évènement déclencheur, fait en sorte que la douleur ressentie est maintenant moins dense. Son intensité se dissout et n'est plus attribuable uniquement à la personne ou à la situation présente.

La blessure bien que réelle s'estompe. Elle n'a plus le même impact. La détresse initiale ayant déjà été traitée, celle qui s'y apparente et remonte à la surface n'a plus la même emprise sur moi lorsque je réussis à l'identifier et à l'accueillir.

Il me reste alors à continuer à traiter. À poursuivre mes démarches de guérison. Je peux témoigner qu'à chaque fois, les douleurs s'estompent. La paix intérieure reprend place. De plus en plus facilement. Harmonieusement...

Quand ça arrive, c'est un cadeau ! Et ça arrive plus souvent ! Ça fait du bien de vivre avec de plus en plus de lueurs d'espoir. Depuis si longtemps je menais un combat acharné contre la dépression, la mort intérieure, la colère irraisonnée, mon impuissance, et le désir d'en finir avec toutes ces souffrances.

Relecture et processus de rétablissement …

Pendant les thérapies, les bulles de « *souvenance*» m'ont permis de récupérer une partie de la réalité de ce que j'ai vécu.

Pour sortir de la confusion, j'ai eu besoin de comprendre. De saisir ce qui s'était passé. J'ai eu besoin de vérifier si les *bulles de souvenances* qui remontaient à la mémoire, n'étaient pas des fabulations.

Après avoir traité les émotions incrustées dans la mémoire de mon corps, avec la méthode MIGS ; je saisis un peu mieux. Ma compréhension s'est éclairée. Mais tout ça est tellement bouleversant. J'ai eu besoin d'apprivoiser. De comprendre. J'ai eu besoin d'être éclairée davantage sur les comment, les pourquoi des impacts que tous ces traumas ont eu sur moi. Mon être. Ma vie… Pour en arriver à intégrer tout ça.

Ça m'aide aussi à me dégager d'une autre culpabilité que je m'infligeais. C'est-à-dire : d'avoir bloqué et de bloquer encore aujourd'hui des élans de vie, des élans d'amour qui m'habitent.

Les prises de conscience et la libération n'enlèvent rien à la douleur de tout ce que j'ai dû traverser. Ça n'exclut pas non plus, les nombreux deuils que j'ai encore à faire, à vivre. Mais ça m'enlève des fardeaux énormes, qui m'empêchaient de respirer.

Je commence enfin à pouvoir relever la tête. À respirer un peu plus librement. À m'accueillir et m'accepter telle que je suis...À croire que je suis en droit de vivre. Que je suis digne d'être aimée. Ça me permet de laisser couler, de laisser circuler le flot de vie en moi.

Je sens un mouvement intérieur qui permet une fluidité tout aussi agréable à ressentir, qu'étonnante. Surprenante. Ça me laisse perplexe et me remplit de joie tout à la fois. J'apprivoise. J'accueille. J'ai hâte de découvrir ce qu'il adviendra de tout ça, mais je ne veux rien brusquer. Comme un oiseau qu'on apprivoise…

Dans l'accueil et la compassion, j'en suis là, aujourd'hui, à rechercher la paix et la sécurité. Dans la compréhension de ce que j'ai vécu, de ce que j'ai subi.

Il n'est pas nécessaire de se souvenir de tout ce qui est arrivé pour traiter les traumatismes. Le corps lui, se souvient. Les émotions encryptées dans le corps peuvent être traitées.

L'important c'est de pouvoir entrer en contact avec « ce que nous avons ressenti» dans l'évènement qui est arrivé.

Le corps se souvient ...

J'ai vécu dernièrement une situation traumatisante lors d'un arrêt imprévu pendant un voyage avec mon mari, aux États-Unis...

Nous sommes sur une autoroute. On s'arrête après avoir traversé un poste de péage. On veut valider si tout est correct parce que on est passé sans payer. On n'a pas de monnaie. Il n'y a pas de possibilité de payer avec une carte de crédit, et il n'y a personne aux guichets...

On débarque de l'auto. On se rend au petit bâtiment de béton situé tout près des guichets. Tout est barré, il n'y a personne. Sauf dans un petit vestibule où deux hommes consultent des plans. Les plans sont ouverts, appliqués, appuyés sur le mur. Des documents de travail en lien sans doute, avec les travaux de voirie, qui sont effectués à l'extérieur. Deux ou trois autres hommes s'affairent à l'extérieur sur la chaussée : machinerie, excavation, électricité et autres.

Mon mari est avec moi. On entre et on sort du vestibule très rapidement après avoir constaté qu'il n'y a aucun employé dans les bureaux. Les portes sont verrouillées. Aucun mot n'est prononcé. En sortant je vois une affiche indiquant qu'il y a des toilettes disponibles sur le côté du bâtiment... Je m'y rends, mon mari aussi.

De retour à l'auto je me sens perturbée. Envahie par une détresse inexplicable. Incontrôlable. Je vis de la colère.

Je ne comprends rien à ce bouleversement. J'ai de la difficulté à respirer. Le souffle court... J'ai une grosse boule au creux de l'estomac ... Un «nœud» qui n'arrive pas à se défaire. J'ai les nerfs à fleur de peau. J'ai les muscles tendus. Crispés !... La mâchoire serrée...Je me sens agressive...

Je ne comprends pas.... Un vent de panique est sur le point de s'installer pour de bon.... Jusqu'à ce que je réalise que ça n'a aucun sens...

Tranquillement j'accueille ce que je vis...comme étant la ***réalité du moment***. Même si je ne comprends pas. Et même si je continue à ressentir tous ces symptômes inquiétants et bizarres... Ne sachant trop que faire d'autre.

Je décide de commencer à vivre une technique d'auto-traitement que j'ai apprise. MIGS. Pour ne pas rester dans ce désarroi douloureux. Cette désorganisation qui s'installe.

Je commence à inspirer d'abord la paix, la sécurité. J'expire la peur, la terreur, l'angoisse... Plusieurs fois... Lentement. Doucement. Je retrouve un peu mes esprits. J'inspire encore et encore la paix. La sécurité. L'amour. La confiance. J'expire la peur. La terreur. La douleur. La crainte. L'horreur. La peine. La mort... Je réussis à introduire lentement la bilatéralité. Je bouge en alternance les mains, en commençant par un léger tapotement des doigts. Par la suite les pieds.

Un peu de calme apparaît. Je commence à ressentir ma respiration, mais la terreur, la douleur sont toujours présents.

J'inspire et j'expire. Je continue les mouvements de bilatéralité. De la même manière. Longtemps. Tranquillement. Après environ une demi-heure de traitement, je commence à ressentir un peu de paix et de calme intérieur. Ma mâchoire se détend. Les muscles aussi. Je suis un peu plus calme. Mais le «nœud» dans l'estomac est toujours présent.

Je commence à respirer un peu mieux ... et... je commence à percevoir, à saisir ce qui m'arrive. Le brouillard se dissipe graduellement.

Je continue à faire cette technique de traitement apprise lors de cette thérapie.

J'inspire la paix, la confiance, la pureté de mon être. La dignité. J'expire l'abjection, le dégoût, la mort. La haine intériorisée. La colère.

Après une heure, je suis épuisée. Je me sens fragile, mais en paix. Je m'enveloppe avec un gilet en polar. J'ai besoin d'être emmitouflée.

J'ai vécu tout ça en catimini. Sans que rien ne paraisse de l'extérieur ou presque .... Mon mari est occupé à conduire... dans le trafic.

Plus tard, lorsque j'en parle à une intervenante, elle me dit que c'est fort probablement un ***flash back*** d'un évènement traumatique, enfoui. Je réalise qu'il m'est souvent arrivé de vivre des situations semblables. Je n'en avais pas vraiment conscience. Je ne comprenais pas ce que je vivais. Je pensais que c'était moi le problème. Je me dénigrais.

Les années de thérapie m'amènent à croire que cet épisode, cette réminiscence, a permis de traiter un autre des nombreux morceaux de casse-tête qui m'encombraient.

Non seulement j'ai su le reconnaître mais le traiter.

Le processus de recouvrement ...

Parfois à cette étape-ci de mon cheminement, je me sens bien. Bien avec moi-même. Bien avec qui je suis aujourd'hui. Il m'arrive de savourer pleinement le moment présent. De me sentir heureuse, tout simplement. Je découvre et j'apprécie ces instants de bonheur. Je m'accueille dans cette nouvelle étape de vie, qui commence à s'ouvrir devant moi, mais aussi à l'instant présent.

Aujourd'hui. À partir de maintenant. Pour moi d'abord et pour tous mes proches, pour mes enfants et mes petits enfants, je veux me réapproprier cette vie. La mienne, celle qui m'a échappée. Je veux me réapproprier cette vie avec tout ce que j'ai vécu de bon, d'heureux, mais aussi de drames, de traumatismes. Avec tout ce que j'ai reçu de bon et aussi ce que j'ai subi bien malgré moi. Avec toutes les lacunes et les défaillances qui sont les miennes, mais aussi avec tout ce qu'il y a de bienveillant, de généreux, de résilient. Avec tout ce qu'il y a de vie en moi qui ne demande qu'à émerger, croître et s'épanouir pour mon propre bonheur, celui des miens et de mon entourage. Mais aussi pour rendre grâce à Dieu, quel que soit le nom qu'on lui donne, qui m'a soutenue à travers toutes ces épreuves... Un être d'amour dont je n'ai pourtant pas ressenti très souvent la consolation de sa présence.

Je veux retrouver cette vie qui est la mienne. La faire fructifier. Pour mon bonheur. Pour ceux qui me sont chers. Et aussi parce que je veux témoigner qu'il est possible de s'en sortir peu importe les détresses traversées...

Pendant l'écriture de ce livre, j'ai eu à revoir une grande quantité de notes prises au cours du long processus de récupération de ma vie. Ça m'a permis ~~à~~ de revoir des évènements, des blessures qui n'étaient pas complètements guéries et qui me faisaient encore souffrir.

À la lecture de mes notes, je constate qu'il m'a fallu des mois, parfois des années, pour en arriver à trouver les réponses. À certains moments, j'avais à rééquilibrer tout mon être, à réajuster mon univers intérieur, à me renforcer pour être en mesure d'affronter de nouvelles étapes de guérison.

Comme on le fait parfois en médecine, pour traiter un grand malade qui nécessite de nombreuses chirurgies et/ou traitements, les médecins attendent que le système se fortifie avant d'entreprendre un nouveau traitement. Il faut croire que la vie s'est chargée de planifier les étapes de mon rétablissement.

Si je fais part de la durée et des nombreux aléas de mon parcours de rétablissement, je ne veux surtout pas décourager qui que ce soit d'entreprendre une démarche de guérison. ***Le premier pas est toujours le plus important, à chaque fois !***

Chaque petite victoire sur la mort qui pourrait nous étreindre, chaque petite victoire est un tremplin pour entreprendre une prochaine démarche, en nous permettant de vivre un peu mieux, à chaque fois...

J'en avais gros à démêler. Il y avait plusieurs couches de traumatismes, emmitouflées dans l'oubli, dans le donjon de Barbebleu, le donjon de mes oublis.

Si je partage les difficultés rencontrées tout au long de mon parcours, c'est dans l'unique but de témoigner qu'il est possible de s'en sortir.

Une réalité différente ...

Jusqu'à maintenant, tout mon être était occupé à survivre...

Il y avait peu de place pour l'épanouissement, pour laisser émerger mon être profond. Probablement que je l'ai blindé, de peur qu'il soit, lui aussi, attaqué, brisé, démoli.

Je vis maintenant une réalité différente.

J'étais autrefois constamment en état de survie. Angoissée de ne pas comprendre mes états émotifs. J'étais à ce moment-là comme enveloppée dans une brume d'incompréhension. De détresse...Malgré mes efforts pour tenter de fonctionner le plus convenablement possible.

Aujourd'hui encore, il m'arrive de me sentir coupable de ne pas vivre pleinement selon mes désirs profonds. Entre autres dans mes attitudes, ma présence à l'autre, aux autres, dans mes implications, mes réalisations familiales et sociales par exemple.

On ne peut pas refaire le passé. On ne peut pas non plus reprendre une maille de tricot avec une autre maille tricotée longtemps auparavant s'il y a un grand trou entre les deux, trop de mailles défaites, à rattraper.

Une vie, ce n'est pas comme un tricot, ça ne se détricote pas.

Aujourd'hui j'ai besoin d'avoir une certaine discipline pour m'accomplir, m'accomplir ou au moins initier un processus d'accomplissement : mes projets d'écriture, de croissance, ma vie spirituelle, une bonne forme physique. Je souhaite consacrer plus de temps à ce qui devient essentiel pour moi : méditation, oraison, exercices, marche, écriture, lecture, en particulier.

Pour l'instant, j'ai besoin de me centrer sur mon rétablissement. Laisser de côté pour un temps mon grand désir d'entraide, d'implication sociale.

Peut-être ce livre y contribuera-t-il ? Je l'espère...

Aide-toi et le ciel t'aidera ! Non ne tire pas sur la carotte …

J'ai appris qu'il ne sert à rien de brusquer. On ne tire pas sur la carotte. Simone Pacot (EDP. Évangélisation des profondeurs) parle de la théorie des petits pas. Mais surtout. Surtout. Elle insiste sur l'importance de « se respecter ». Se respecter et être respecté dans notre cheminement de rétablissement. Peu importe la blessure.

J'ai découvert à travers mon cheminement, la pertinence de ces notions. J'ai aussi découvert à travers toutes les étapes de rétablissement, la présence d'un Dieu d'Amour. Peu m'importe comment il se nomme : Puissance suprême, Allah, Yavheh, Entité d'amour, Intention, Grand manitou, Grand esprit, Krishna… La dénomination n'a pas de réelle importance.

Je crois, pour l'avoir expérimenté tant de fois, que la spiritualité est non seulement une composante essentielle à notre «être», mais a aussi une place de choix, dans un processus de rétablissement, de guérison. Je crois aussi que toutes les spiritualités ont pour base, les valeurs essentielles de la «Vie». De «l'Amour».

Alors, peu importe celle à laquelle vous adhérez, ou celle qui vous permet de vivre un processus de guérison. De grandir. De croître dans l'amour, dans le respect de vous-même d'abord, et des autres ensuite. La spiritualité lorsqu'elle nous permet de retrouver notre dignité, la confiance en soi, dans les autres, est un des éléments importants, un des outils précieux du recouvrement de soi.

Comme n'importe quel outil il est nécessaire de bien le choisir et l'utiliser de la bonne façon. D'apprendre à l'utiliser. Il est important aussi d'avoir de bonnes personnes ressources pour nous guider. Pour nous soutenir dans ce processus. J'ai eu la chance inouïe d'être en contact avec ce genre de personnes.

Ça été long. Tout un long cheminement avec bien des méandres. Parfois des détours. Des avancées et des reculs. Mais voilà ! Chaque pas en valait la peine et menait à d'autres avenues.

Chaque temps d'arrêt aussi est précieux. Même s'il peut arriver qu'on ait l'impression d'être nulle part. Qu'il n'y a plus d'issue…

Il y en a toujours une !

La lumière au bout du tunnel n'est pas toujours apparente.

Même si on est plongé dans le noir... Même si on ne croit plus à rien à certains moments. Même si ça ne veut plus rien dire. J'ai appris qu'il est important de continuer.

Je veux juste témoigner que c'est possible. Je l'ai vécu tant de fois !

Aide-toi et le ciel t'aidera ! C'est une maxime qui me semble vraie, importante !

Faire un pas, un petit pas, un tout petit pas...

Se lever même si ce n'est qu'en pensée au début ! Même si on n'y croit pas vraiment ! Pour aller vers... pour ne pas rester écrasé et se laisser mourir.

Peut-être que ce ne sera pas la meilleure personne-ressource à chaque fois ou la bonne thérapie qui répondra à toutes les questions.

Peut-être que tout ne sera pas résolu ! Sans doute ! Peut-être que ce ne sera pas facile, toujours...! Mais, ça en vaut la peine.

La vie est tellement merveilleuse... Le soleil se lève, chaque jour. Même si on n'est pas toujours en mesure de l'apprécier. Parce qu'il fait trop noir par en dedans. On finit par le voir briller... Même si ça prend du temps et de l'effort. Et puis, le compost fait de magnifiques jardins...

C'est bien beau la spiritualité. C'est important, mais il n'y a pas que ça...!

J'aime exprimer en images concrètes... *Si j'ai le bras cassé,* je ne me contenterai pas de passer la journée à crier *Seigneur guéris-moi* ou *Énergie de l'univers* ou qui d'autre.... Je vais aller voir un médecin. J'aurai un plâtre. Peut-être une chirurgie pour m'aider à soigner cette blessure. J'aurai besoin de physiothérapie, de convalescence. C'est pareil pour les blessures intérieures, celles qui ne sont pas visibles à l'œil.

J'ai fait part de celles qui m'ont été utiles, thérapies physiques et psychologiques, groupes d'entraide et autres .... J'en nomme quelques-unes en fin de volume. Il y en a d'autres fort certainement. Je vous souhaite de découvrir. De faire le pas. Le premier petit pas vers celles qui vous permettront de retrouver la *vie* en soi, en vous...un petit pas à la fois...

Ma vie, comme de multiples passages de morts et de résurrections, comme autant de vies antérieures et réincarnations.

Une bouteille à la mer ...

Maintenant, je me sens prête à lancer ma petite bouteille à la mer. Je pense avoir fait passablement le tour.

Je ne changerai pas le passé. L'important c'est que j'aie pris le temps de voir un peu plus clair. Que j'aie réussi à sortir de la confusion dans laquelle j'étais enlisée.

Le témoignage que j'ai fait sur des évènements de ma vie n'a pas pour but de lancer la pierre à l'autre, aux autres, mais de cesser de m'en lancer à moi-même. L'auto-destruction ça suffit. Le but n'est pas non plus de me complaire ou déblatérer sur un rôle de victime. Ça aussi ça suffit. Victime je l'ai été. Victime d'actes criminels. Mais je m'en sors. Je retrouve ma dignité d'être humain, de femme équilibrée, sereine, digne d'être respectée, d'être heureuse et aimée.

Pendant tout le processus de rétablissement, il m'est arrivé souvent de désespérer.

Cela finira-t-il un jour ? À quoi bon faire tout ce travail acharné... de longue haleine... pénible et douloureux, comme celui de la chenille qui se transforme en papillon si constamment d'autres évènements dramatiques surviennent risquant d'écraser le papillon, de lui arracher les ailes ?

Dernièrement encore, des êtres proches que j'aime profondément, ont été brisés par une situation devant laquelle nous étions impuissants. Je commençais à peine à prendre mon envol...ça m'a presque anéantie...

Par quel mystère de vie plus fort que la mort, ce papillon-là réussit-il à se transformer ? À reprendre encore une fois un chemin de vie...différent autrement... À partir de quelle semence de vie renaît-il de ses cendres, de ses cendres qui parfois lui sont devenues presque étrangères.

Phénix ou mythe de Sysiphe [1] ! Jusqu'à quand et combien de fois la résilience peut se vivre...à répétition !

Tant qu'il y a de la vie, il y a de l'espoir ? Oui, quand on en est sorti ! Mais quand on est dans le tourbillon qui nous entraîne au fond de l'eau et nous noie !

C'est impensable ! Trop difficile à croire ! Impossible à imaginer ! À ces moments-là, il faut juste s'accrocher à une vie intérieure... Même si on n'en ressent plus la moindre trace... S'abandonner... sans attente précise... Tout en se disant que ça passera...

Il m'est souvent arrivé de me sentir proche, très proche du naufragé épuisé.... écrasé sur un radeau,... sans autre ressource que de se laisser porter à la dérive. Parfois ça dure longtemps. Cette éternité-là est invivable, mais elle passe...

Oui il y a encore de longs chemins à parcourir. Des efforts à accomplir. Quelques douleurs à affronter... Je suis et serai peut-être toujours un peu en convalescence. Cinquante ans de vie brisées, ça ne se reconstruit pas du jour au lendemain. Mais j'apprécie tellement ces étapes de recouvrement de mon être. Cette restauration de ma liberté intérieure. Cette sérénité qui apprend à déloger la noirceur... les angoisses, les peurs, les douleurs...

C'est comme si j'étais en physiothérapie et que je réapprenais à marcher. J'avance vers mon autonomie affective, vers l'épanouissement de qui *je suis*, peut-être ! Je l'espère.

[1] **Phénix :** Oiseau de feu, le Phénix est un animal noble et sacré. Son principal pouvoir consiste à renaître de ses cendres. L'origine du mythe vient de l'Egypte.

Sisyphe : dans la mythologie grecque Sisyphe est puni par les Dieux et condamné à faire rouler un gros rocher en haut d'une montagne pour l'éternité.

2012-2013 …

Presque en même temps où j'écrivais ces lignes, ces vœux… soit à la fin de l'été 2012, des évènements indépendants de notre volonté à tous… ont malheureusement contribué à chambouler, voire presque anéantir mon processus de rétablissement. Des évènements graves ont atteint des êtres qui me sont chers. J'ai tenté d'empêcher, d'aider et de soutenir. J'ai été impuissante… Ça m'a anéantie. J'ai failli me noyer encore une fois…

Une autre grande épreuve à traverser. D'autres deuils encore à vivre. D'autres choix déchirants à faire. Choisir de vivre malgré tout. Choisir de vivre et de m'aimer pour pouvoir mieux aimer. Ce n'est pas facile. J'ai eu à traverser de pénibles déserts…

Refuser l'option du suicide… encore une fois…Parce que ce n'est pas une option.

Par respect pour tout le chemin parcouru, pour toutes les douleurs traversées. En choisissant à chaque fois la vie. Par respect pour moi, et aussi pour ceux et celles qui m'ont accompagnée et soutenue durant ces années. Je continue à choisir la vie. Même si le cœur n'y est pas.

J'ai toujours besoin de soutien, je ne traverse pas cette période seule. Un être d'amour me soutient même si je ne le perçois pas toujours. Après coup je me rends compte qu'il est là … ! Toujours là .. ! J'ai besoin de ses anges aussi… entre autres des femmes du Point d'appui (Centre d'aide pour victimes d'abus sexuels)… de certains membres de communautés religieuses et des prêtres. J'ai aussi besoin de soins physiques réguliers pour traiter toutes les douleurs qui se logent dans mon corps. Je travaille. J'ai un assez bon salaire. Je peux me payer ces traitements, mais je me prive de bien d'autres choses pour réussir à traiter les divers symptômes qui surgissent.

Par contre, bientôt je serai à la retraite. Je n'aurai plus les moyens financiers de défrayer toutes ces thérapies. Je suis de plus en plus fatiguée. Je m'inquiète parfois à savoir jusqu'à quel point je serai capable de me rétablir. Capable de vivre de la résilience à répétition. Parfois j'ai l'impression que le ressort commence à être bien fatigué. Je ne sais pas s'il est possible de le régénérer encore et encore. Combien de fois. Pendant combien de temps.

Février 2016 …

Cela a pris trois ans avant que je retrouve suffisamment de force et de sérénité pour reprendre là où j'avais laissé mon projet de rétablissement. Et mon projet d'écriture.

Pendant ce temps, il y a eu des périodes de grande noirceur. Depuis quelques mois à peine, la paix reprend sa place en mon être. C'est encore fragile mais j'y arrive. Je recommence à y croire.

Hiver 2019 …

Si la vie est mouvement, je dois être bien en vie, parce qu'on est loin du calme plat…

Encore une fois, beaucoup d'évènements se sont succédé depuis les trois dernières années, depuis 2016. J'ai dû mettre de côté mes projets. J'ai dû mettre de côté ces besoins que je commençais à peine à identifier. Des membres de ma famille avaient grandement besoin d'aide. [1]

Aujourd'hui les choses se replacent. Le calme revient. Je peux reprendre là où j'ai laissé. Et enfin compléter mon projet d'écriture. Entre temps j'ai eu la chance de faire la lecture d'un livre : *Les manipulateurs sont parmi nous* [1]. Ça m'a permis d'identifier, de nommer de nouveaux éléments de tempêtes qui étaient apparus dans notre entourage depuis une dizaine d'années. Les ***manipulateurs***…

Il vaut mieux s'en éloigner dès qu'on s'en rend compte. Le plus tôt possible. Ça aussi, ça peut faire des ravages…Mais ça aussi, c'est de plus en plus dévoilé.

De ça aussi on peut s'en sortir.

Printemps 2020 …

Le processus de guérison se poursuit. J'ai eu la chance de croiser un homme extraordinaire sur le Web. Temps de pandémie oblige… Généreux, authentique, intègre et articulé, Robert Savoie a mis sur pied un programme d'accompagnement et de travail sur soi qui traite en profondeur. Avec douceur et bienveillance, en mettant le projecteur sur soi comme il dit si bien. J'apprends à dénouer les mécanismes de défenses mis en place depuis tant d'années. J'apprends à m'aimer et me respecter pour qui je suis, à identifier mes besoins, les nommer. Les dire, avec amour et bienveillance autant que possible… L'apprentissage pour un mieux-être n'est jamais complètement terminé…. Un cadeau de la vie …

J'aurais tellement souhaité que ma vie soit comme rivière,

Comme celle de Simone Monet Chartrand (conjointe de Michel Chartrand).

Une vie impliquée socialement, humainement, parsemée d'embûches,

mais riche et féconde.

«Ma vie comme rivière»

biographie en quatre volumes que j'ai lue avec avidité.

Aujourd'hui, je suis en paix.

Ma vie n'aura pas été comme rivière,

mais plutôt une longue suite de morts intérieures, de ténèbres,

suivies d'aurores, de résurrections...

Je peux et je veux témoigner de ne pas craindre de continuer à espérer

même et surtout s'il n'y a pas d'espoir...

Ma vie comme rivière: Récit autobiographique, 1919-1942
Livre de Simonne Monet-Chartrand
Récit autobiographique d'une Québécoise qui a uni son destin et son idéal à Michel Chartrand qui est bien connu par son engagement socio-politique et syndical. ...
Date de publication originale : 1982

Remerciements

- Merci à tous les membres des groupes Al-Anon qui m'ont soutenue par leur écoute attentive et inconditionnelle au tout début de mon cheminement. Mais aussi aux nombreux membres des AA, NA rencontrés au cours des soirées et fin de semaines de thérapies.

- J'ai beaucoup de gratitude envers chacune des merveilleuses personnes que j'ai eu la chance de rencontrer dans les organismes, les communautés, et dans les divers ateliers et fin de semaines de thérapies. Il m'est impossible de toutes les nommer. Chaque étape vécue dans ces rencontres, ces interventions, sont devenues comme des pierres déposées dans le torrent de ma vie, où je pouvais mettre le pied. Elles m'ont permis d'avancer sans me noyer. Je voudrais toutefois souligner l'apport décisif de Marie Paul Ross et de son équipe dans mon processus de rétablissement.

- Un merci tout spécial à ma nouvelle grande amie. Monique Bernier, première lectrice et correctrice de ce manuscrit. Le processus de mise en forme du manuscrit m'a permis de découvrir cette grande dame de 80 ans qui, maintenant qu'elle ne fait plus de théâtre s'amuse encore aujourd'hui à soutenir jeunes et moins jeunes dans leurs projets d'écriture. J'ai énormément de reconnaissance envers toi chère Monique pour ce temps partagé, vécu à tes côtés. Ta qualité exceptionnelle de présence à l'autre, ta joie de vivre, ta sensibilité, ta profonde humanité, et ton amour des mots m'ont permis de vivre des moments inoubliables. Je suis ravie de l'amitié profonde et de la complicité qui en découlent.

- Un énorme merci à Rober Savoie, pour le chemin qu'il a lui-même parcouru. Pour l'être qu'il est devenu et pour ce programme qu'il a mis sur pied «Phénix, renaître de ses cendres» qui me permet aujourd'hui, de retrouver une joie de vivre.

Bibliographie et documents

- **Association Mémoire Traumatique et Victimologie**. Muriel Salmona, fondatrice et présidente. 2009.
- **J'aimerais vous parler d'amour ... et de sexe.** Marie-Paul Ross. Les Éditions Michel Lafon. 2011
- **La mémoire traumatique en bref.** Muriel Salmona. https://www.memoiretraumatique.org/psychotraumatismes/memoire-traumatique.html . 2008
- **La vie est plus forte que la mort.** Marie-Paul Ross. Les Éditions Michel Lafon. 2013
- **Laisse-moi t'aimer.** Robert Savoie. Les Éditions Performance. 2014
- **Les manipulateurs sont parmi nous. Isabelle Nazare-Aga. Les Éditions de l'homme**. 2004.
- **Les manipulateurs et l'amour**. Isabelle Nazare-Aga. Les Éditions de l'homme. 2004.
- **L'évangélisation des profondeurs**. Simone Pacot. Les Éditions du Cerf. 2007.
- **Ma vie comme rivière.** Simonie-Monet-Chartrand. Les Éditions de l'homme . 2003
- **Même le silence a une fin.** Ingrid Betancourt. Les Éditions Gallimard. 2019.
- **Pour une sexualité épanouie : un modèle d'intervention globale en sexologie, le MIGS.** Marie-Paul Ross. Les Éditions Fides. 2009-2011
- **Se relever d'un traumatisme.** Pascale Brillon. Les Éditions Quebecor. 2010
- **Se Choisir.** Robert Savoie. Les Éditions Performance. 2016
- **Traverser l'épreuve.** Marie-Paul Ross. Les Éditions Fides. 2010

Ressources

Al-Anon :

Basé sur les 12 étapes des Alcooliques anonymes

Al-Anon est un programme de soutien pour les personnes qui ont été touchées par la consommation de quelqu'un d'autre. En partageant des expériences communes et en appliquant les principes d'Al-Anon, les familles et les amis des alcooliques peuvent apporter des changements positifs à leurs situations individuelles, que l'alcoolique admette ou non un problème d'alcool ou cherche de l'aide.

Information concernant les réunions : 1-888-4AL-ANON

CALACS : Centre d'aide et de Lutte contre les Agressions à Caractère Sexuelles :

La mission du CALACS est la suivante :

- Aider et soutenir les adolescentes et les femmes ayant vécu une agression à caractère sexuel ;
- Sensibiliser la population à la problématique des agressions à caractère sexuel et l'informer des mesures préventives ;
- Favoriser les discussions et la communication avec tout organisme ou gouvernement afin de promouvoir les intérêts des femmes agressées sexuellement ;
- Participer à toutes autres activités touchant les problématiques des femmes ainsi qu'à la promotion de rapports égalitaires entre hommes et femmes.

Adresse courriel du Regroupement des CALACS : info@rqcalacs.qc.ca

CAVAC : Centre d'aide pour les victimes d'actes criminels

MISSION

Les CAVAC dispensent des services de première ligne à toute personne victime d'un acte criminel et à ses proches, ainsi qu'aux témoins d'un acte criminel. L'aide des CAVAC est disponible que l'auteur du crime soit ou non identifié, arrêté, poursuivi ou reconnu coupable. Les CAVAC travaillent en collaboration avec les intervenants du milieu judiciaire, du réseau de la santé et des services sociaux et des organismes communautaires

Les services sont GRATUITS et CONFIDENTIELS

1 866 LE CAVAC

Évangélisation des Profondeurs

L'Évangélisation des profondeurs a vu le jour à l'initiative de Simone Pacot, laïque française, née au Maroc et avocate. Bloquée dans son cheminement spirituel, elle s'est rendu compte que nous ne pouvions ignorer notre humanité mais que, bien au contraire, elle devait faire partie entière du cheminement.

Elle a donc développé les sessions d'Évangélisation des profondeurs comme un trajet spirituel afin d'amener la personne à accepter ses limites, reconnaître ses blessures, assumer son histoire afin de se remettre en route sur des chemins de vie. Cette une descente au coeur de son histoire.

On peut les contacter au Centre Le Pèlerin : info@le pelerin .org

INSTITUT INTERNATIONNAL de DÉVELOPPEMENT INTÉGRAL (IIDI)

L'IDI, Institut de Développement Intégral, est un organisme spécialisé dans le traitement des états de deuil, de détresse et d'anxiété. Il a été fondé à Québec, le 1er mai 2003 par Marie-Paul Ross. *Docteure en sexologie clinique, infirmière, psychothérapeute, fondatrice du MIGS (Modèle d'Intervention Global en Sexologie), conférencière, écrivaine.*

Le modèle d'intervention MIGS permet d'**identifier, d'évaluer, d'analyser, de comprendre et de traiter** une variété de situations conflictuelles au niveau des trois dimensions constituant l'être humain : **physique, affective et spirituelle**.

Le **MIGS** s'inspire du fonctionnement du cerveau humain. Certaines zones permettent à l'être humain de conserver, dans sa mémoire sensitive, les expériences affectives-sensitives qu'il a vécues tout au long de sa vie. D'autres parties permettent des souvenirs d'ordre cognitif et même d'oublier des événements importants de la vie.

Puisque les effets d'un malaise ou traumatisme se logent dans le corps et affectent l'âme, les deux doivent être impliqués dans un plan de traitement. Il est de plus en plus reconnu que parler de ce qui est arrivé ne suffit pas pour traiter et retrouver le bien-être. Un choc, un traumatisme empêche une bonne communication entre les parties du cerveau. Il faut que les circuits qui connectent les différentes zones du cerveau soient débloqués pour permettre à la personne d'avoir accès à l'ensemble de son potentiel pour assurer la résolution de ses difficultés. Des outils simples et accessibles sont proposés pour favoriser l'autothérapie et la responsabilité de sa santé globale.

Il n'y a plus de services offerts au Québec (depuis Dec 2015)

voici où on peut les contacter :

6 rue Lorraine,

Grand Barachois,

Nouveau-Brunswick,
E4P 7T2

Tel: 506- 533 – 6688

Programme Phénix: Renaître de ses cendres

Robert Savoie

https://programme-phenix.com

Printed by Books on Demand GmbH, Norderstedt / Germany